シベリア出兵

「住民虐殺戦争」の真相

広岩近広

花伝社

シベリア出兵——「住民虐殺戦争」の真相◆目次

第三章　「拡大派兵」の強行――傀儡政権の樹立を策動　61

第四章　日本兵の懊悩《おうのう》――本当の敵は誰なのか　95

※ 文献などからの引用に際しては、必要に応じて現代表記にあらため、句読点やルビを付しました。蔑称的な表現も登場しますが、当時の状況を伝える歴史的な記録として、そのまま用いています。

はじめに

シベリアは、ウラル山脈から太平洋沿岸のベーリング海にわたり、ロシアの巨大な地域を占めている。私にとって「シベリア」といえば、「抑留」であり「引き揚げ」であった。だから旧日本軍の大がかりな「シベリア出兵」といわれても、「出兵」からくる模糊《もこ》としたイメージにとらわれて、いかなる戦争があったのか、そこに焦点をかけるリサーチを怠ってきた。反省をこめて記すと、「加害」と「被害」の折り重なった戦争、それも住民を巻きこんだ虐殺戦争が行われていたのである。

第一次世界大戦下で起きたロシア革命を機に、連合国は反革命派への武力支援を決めた。日本は連合国の一員として一九一八年八月、シベリア出兵を宣言する。宣戦布告こそしなかったが、革命ロシアへの干渉戦争だった。後に「無名の師」（大義名分のない戦争）と批判されるが、政府と軍部は東部シベリアを占領する目的を秘めていた。反革命派を支援して、親日の「傀儡《かいらい》政権」を樹立しようとの企図《きと》から、日米間で取り決めた六倍もの兵力を投入している。

ざっと一〇〇年前、日本軍はロシア極東のシベリアで、労働者や農民による革命支持派の非正規軍パルチザンのゲリラ攻撃に遭った。抗日パルチザンとの戦闘は、かつて米軍が苦戦を強いられたベトナム戦争を彷彿《ほうふつ》とさせる。追い詰められた米軍によるソンミ村虐殺事件とオーバーラップするのが、アムール州イワノフカ村の焼き討ち事件である。その逆に尼港（ニコラエフスク）では日本領事館が襲撃され、外交官一家をはじめ多くの在留邦人が犠牲になった。

それでも日本軍は、米英仏などが撤兵後もシベリアに居残った。北サハリン（樺太）の占領まで入れると約七年にわたり異国の地に軍隊を駐留させ、列国から強く非難された。アジア・太平洋戦争の火種は、このときから広がったといえるだろう。

日本のシベリア出兵はまぎれもなく侵略戦争であり、しかも民間人が虐殺されるという加害と被害を刻みつけている。いったん派兵を決めたら、撤退の機を失って泥沼に陥ることも見せつけた。そうした観点からも、「忘れられた七年戦争」と言われる「シベリア出兵戦争」を検証する意義は深く、また学ぶべきことも多いのではなかろうか。

まずは二〇一九年三月で百年を迎える、日本軍が村落を焼き討ちした「イワノフカ事件」からみていくことにする。そのうえで日本政府と軍部のシベリア政策の動向、シベリアの地で懊悩《おうのう》する日本兵の実態、さらには日本の居留民が虐殺された「尼港事件」にアプローチすることで、「出兵」という言葉の背後に隠れた「住民虐殺戦争の真相」に迫りたい。

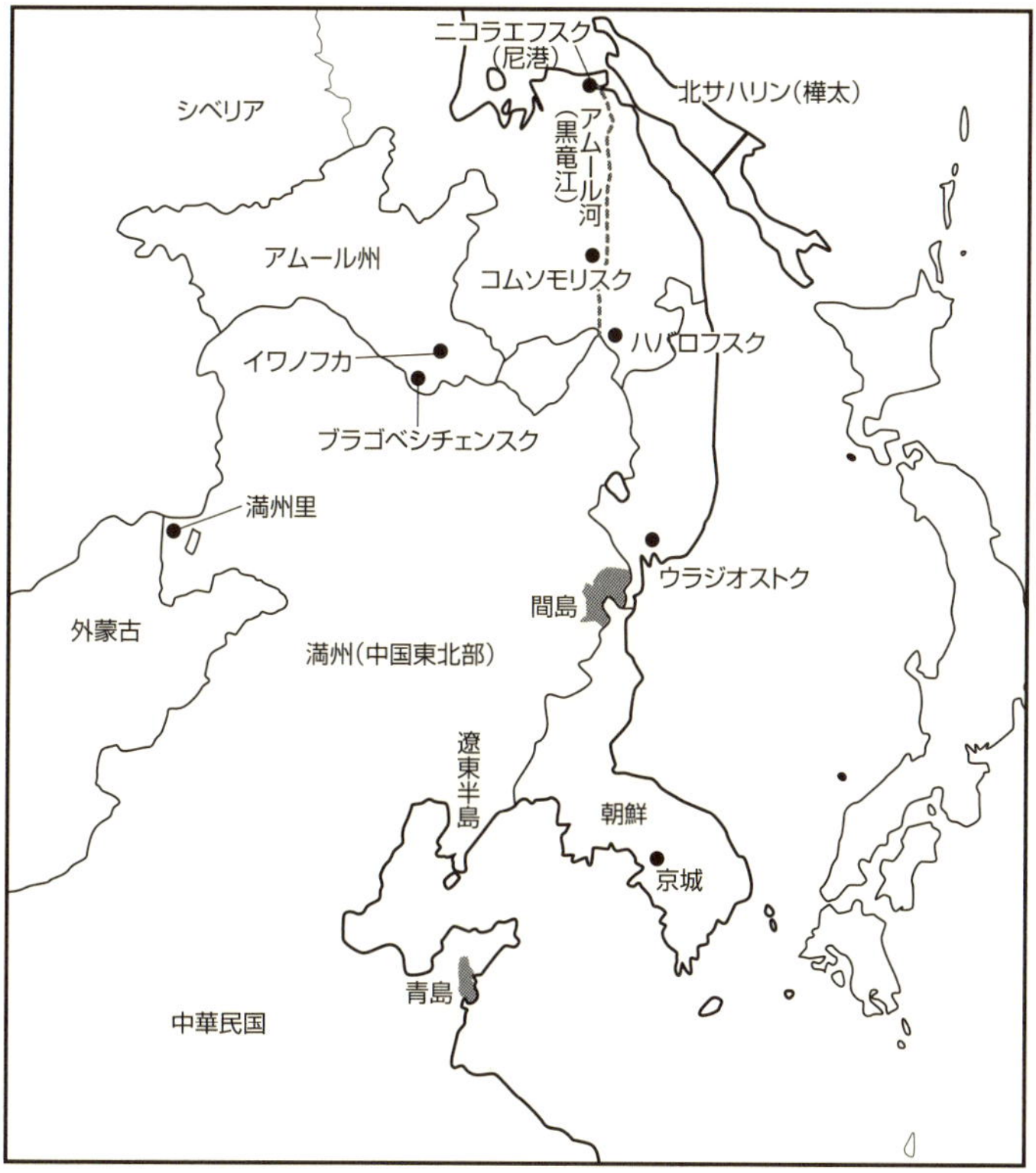

当時のシベリア近郊地図

第一章　イワノフカ事件——加害のロシア人集落焼き討ち

抑留体験者の住職が知った日本軍の焼き討ち

岐阜県西部の山間地に、真宗大谷派の勝善寺を訪ねた。日本一の総貯水量を誇る徳山ダムに至る国道三〇三号を、コミュニティバスに乗って上った。

バスが進むにつれて、山里は初雪で白く染まってきた。約五〇分後、勝善寺が右方に見えてきた。岐阜県揖斐川《いびがわ》町東横山に所在の勝善寺はバスストップになっていないが、運転手さんは親切にも山門の前でおろしてくれた。

住職の横山周導さんは、九四歳とは思えない健老ぶりで応対してくれた。横山さんは僧侶であり、シベリア抑留の体験者であり、そしてNPO法人「ロシアとの友好・親善をすすめる会」の理事長であった。

このとき私は一〇〇年前の近代史をたどり、「シベリア出兵」の取材を続けていた。

第一次大戦の最中に起きたロシア革命に、日米英仏などの連合国が干渉したのがシベリア出兵だった。革命軍に追われるチェコスロバキア軍（チェコ軍団）を救出するという、連合国の大義に乗じて、日本政府は一九一八（大正七）年八月二日にシベリア出兵の宣言をしている。

ロシア極東のシベリアに出兵した連合国の米英仏などは、第一次大戦が終結してチェコスロバキア共和国が成立したのを受けて、一九二〇年夏までに軍隊を引き揚げた。しかし日本軍はシベリアに一九二二年まで、北サハリン（樺太）にはさらに一九二五年までも駐留を続けた。

日本にとって連合国の出兵大義は名目にすぎず、その本音はシベリアに傀儡《かいらい》政権を樹立して、ロシアとの緩衝地帯をつくることにあった。東部シベリアの事実上の占領を狙っていたのだ。すでに日本は韓国を併合しており、中国・遼東半島を租借名目で軍事占領していた。帝国主義に前のめりだった日本はこれらの権益を守り、ひいてはシベリアの資源を手に入れたいと目論んだ。飽くなき大陸侵略の一環として、シベリア出兵がなされたといっても過言ではない。

日本軍がシベリアで戦う相手は、労働者や農民による武装集団パルチザンだった。日本軍の駐留に反対してゲリラ戦を挑む抗日パルチザンは、ベトナム戦争でアメリカと戦った「南ベトナムの武装共産ゲリラ」を彷彿とさせる。アメリカ軍は彼らを「ベトコン」と呼んで執拗に攻撃を加えたが、彼らは最後まで屈服しなかった。

では、日本軍と非正規軍のパルチザンの戦闘はどうだったのか。後に「無名の師」（大義名分のない戦争）と批判されるシベリア出兵といっても、ざっと一〇〇年も前のことだから体験者は鬼籍に入っている。

横山周導さんはシベリア抑留の体験者だが、シベリア出兵が宣言されたときには生まれていなかった。では、なぜ横山さんなのか。一言でいえば、日本軍による虐殺事件を、被害者の立場から追体験していた。

それはシベリア出兵中の日本陸軍によるイワノフカ村焼き討ち事件だった。一九一九年三月二二日のことで、横山さんは次のように語る。

「イワノフカ村はアムール州のなかでも屈指の村で、人口約一万人の豊かな純農村でした。当時、シベリアに派兵されていた日本軍は、この村を抗日パルチザンの拠点とみなして襲撃したのです。すでにパルチザンは村から逃げていたにもかかわらず、日本軍は一歳半の女の子を含めて二九三人の村民を虐殺したというのです。このうち三六人は小屋に押し込められて、生きたまま焼き殺されました。

私は中学の社会科教師を定年退職してから、僧侶としてシベリア墓参を続けていましたが、イワノフカ村の焼き討ち事件を知るのは、墓参を始めて六年後のことです。無辜《むこ》の民が二九三人も虐殺されていたのですから、それは衝撃でした。日本側の歴史から消されていたのでしょうか……何も知らなくて、とても恥ずかしい思いをしました」

そこで横山さんのシベリア抑留体験と、シベリア墓参を続けるなかで「イワノフカ事件」にたどり着くまでの経緯を紹介したい。
――横山周導さんは一九二四年九月に、岐阜県揖斐郡坂内村（現在の揖斐川町）に生まれた。小学五年で町内の寺に入り、高等科と実業学校を経て、東本願寺の京都大谷専修学院に入学する。一九四三年三月に卒業してから、布教僧となって中国東北部の満州に渡った。

実は卒業と同時に、国民徴用令により軍需工場に動員されることになっていた。横山さんは「工場で働くより、大陸への憧れもあって、同じ国策であった満州に渡り、ハルピン東本願寺布教者訓練所に入ったのです」と追懐する。

勝善寺住職・横山周導さん

その後、二年間の兵役義務を果たすため一九四四年一〇月、横山さんは一九歳で現役入隊する。配属先はソ連と満州の国境の町・琿春に駐留していた陸軍の「春花部隊」だった。琿春には、岐阜県郡上郡から移住してきた開拓団の入植者が多く見られた。

軍隊生活は、古年兵による「制裁（いじめ）」がつきものだった。

銃剣をはじめとして貸与された武器には「菊の御紋」（天

皇の紋章）がついており、このため銃剣の先が汚れたり錆《さ》びつきでもしようものなら、これが口実になって殴り倒される。また演習に出ている間に私物の検査がなされた。服をきちんと畳んでいないと文句をつけられたあげく、柱につかまって蝉《せみ》の真似をさせられる。蝉になって鳴かねばならなかった。

冬はペチカを炊くが、その当番に当たっているときに、居眠りでもしたら「捧げ銃」を強制される。ペチカの前で両腕を伸ばした状態で、持っている銃を上げ下げしなければならなかった。食事を終えると食器を洗って返すのだが、炊事班の兵隊の気にさわると、厨房の掃除をさせられる。あるいは大釜の水汲みに行かされた。

横山さんは「上官の命令は朕《ちん》（天皇）の命令と思え――でしたから、言い訳や反論は許されません」と述懐する。また横山さんは「私は一〇月の入隊でしたから、野外演習は氷点下二〇度から三〇度のなかで行われ、凍傷についても教えられました」と語るのだった。

翌年の八月九日、ソ連が参戦してきたため、横山さんは非常呼集を受ける。ソ連（ロシア）極東のウラジオストクの南西にあるポシエット地区から、ソ連軍が入ってくるというので、命じられるままにゲリラ戦を挑んだ。

そして一九四五年八月一五日、日本は「敗戦の日」を迎える。

横山さんらは何も知らずに八月二四日まで前線部隊にいた。たまたま本部に行ったとき、終戦になったと聞かされる。前線に戻ってそのことを伝えると「お前はスパイか」と詰問される有様だった。

八月二六日になって、戦争が終わったことがわかり、部隊は山中で解散した。

このあと中国人から農民服を買い取って変装する。そうして開拓団のいた場所を目指して、五人で五日間ずっと歩いた。

そのとき突然、背後から「おい、日本人」と呼びかけられ、思わず振り向いてしまったのが運の尽きで、ロシア兵に捕まった。この後、ポシエットまで一〇日間にわたって歩かされた。横山さんはしみじみと振り返る。

「道のあちこちで日本兵が死んでいました。開拓団の人たちはまとまって逃げて行くのですが、どこへ行ったらいいのか分からない様子です。小さな子どもの手を引き、背中に乳飲み子を背負った母親は、ボロボロの服をまとい、裸足も同然の身なりで歩いていました。子どもを助けて欲しいと懇願されましたが、とらわれの身である私たちには何もできません。その後、どうなったのだろうかと思うと、今でも胸が痛みます」

横山さんはポシエットから貨車に乗せられて、ハバロフスク北方のコムソモリスクに連行された。アムール河の畔だった。こんなところから船で日本に帰るのか、と思っていたら、鉄条網で囲まれた強制収容所に入れられる。部隊長からは「三年か、五年かはわからないが、ここ

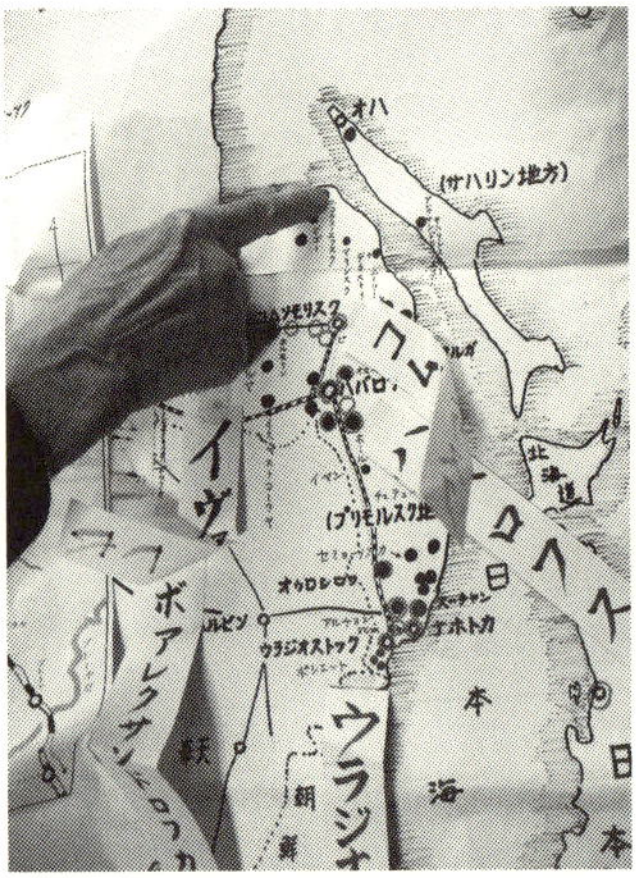

コムソモリスクの場所を示す横山さん

で過ごすしかない。絶対に早まったことはするな」と言い含められた。

横山さんたちは鉄道の敷設作業に従事させられた。草原や密林を切り拓いて道路をつくるのだが湿地帯が多いので、長さにして七メートルの丸木を並べて敷かねばならない。最初こそ山が近くにあって木材を運搬しやすかったが、そのうち遠くの山から運び出すことになり、これが大変な苦労だった。

「つらかったのは夜間作業です。まずトラックの荷台に三本の木材を使って斜面をつくり、それから七メートルの木材を斜面の上を転がします。人力で積み上げていくのですが、非常に危険な作業でした。気温がもっとも低いときは氷点下六〇度にもなり、睫毛《まつげ》が凍って見えなくなります。凍傷で耳や鼻を失った仲間もいます。そのような酷い環境で、夜間に鉄橋のセメント打ちもしました」

そう回想する横山さんにとって、シベリア抑留生活は「三つの苦しみ」があった。

第一は寒さである。早朝、歩いているうちに睫毛が凍ると、鼻や耳や指先が凍傷にならないかと不安はたえない。二つ目は飢えだった。横山さんは「主食はヒエやキビの粥《かゆ》などで、牛か馬のような食事でした。いつも空腹状態で過酷な労働をするので、それは大変でした」と述懐する。三つ目は労働ノルマである。その日の達成度によって、支給されるパンが一日当たり二五〇グラム、三〇〇グラムと区別され、最高は四五〇グラムだった。この四五〇グラムのパンを手にできるまで、それだけのノルマを達成するのは並大抵のことではなかった。

そうして二年後、横山さんは帰国を許される。二〇人の帰国者のうちの一人だったが、内訳は青年行動隊から一〇人、その他の九七五人のうちから一〇人と告げられた。青年行動隊長はハバロフスクに送られていたので、副隊長の横山さん以下一〇人ということになり、幸運にも帰国の途につくことができた。

横山さんは遠い眼差しをみせて言った。

「私は二一歳と若かったので、どうにか生きて帰ることができましたが、栄養失調や怪我《けが》や病気で亡くなる人が後を絶ちませんでした。六〇万といわれる収容者の一割にあたる六万人が亡くなっているのです」

郷里に帰ってから横山さんは、僧侶を兼ねて中学校の社会科教師として教壇に立った。長く勤めた学校を定年で終えたのを機に、横山さんは一九八三年からシベリア墓参を始める。全国抑留者補償協議会（全抑協、斎藤六郎会長、二〇一一年に解散）の墓参ツアーに参加して、シベリアに眠る日本人墓地で僧侶としての務めを果たす慰霊の旅だった。

全抑協の斎藤会長が発見した「棄兵・棄民」文書

全国抑留者補償協議会（全抑協）を率いた斎藤六郎さんは一九二三年三月に山形県鶴岡市に生まれた。一九四三年八月に関東軍軍法会議の書記官（録事）となり、中国東北部の満州で戦時法規事務に従事していたが、敗戦の夏にソ連軍捕虜となった。

斎藤さんはシベリアに四年間にわたり抑留され、第二シベリア鉄道の建設に従事させられた。帰国後は抑留者の補償要求や名誉回復に取り組み、一九七七年に全抑協が発足してから会長に就任している。民間の立場から旧ソ連やロシア政府と精力的に交渉し、抑留者名簿の引き渡しや遺族争議の自由化や墓碑の建設などの実現にこぎ着けた。

特筆されるのが関東軍による終戦時の「棄兵・棄民」政策を裏付ける文書を、ロシア側から入手したことだろう。斎藤さんは著書『シベリアの挽歌』で、次のように書き記した。

斎藤六郎さん
(『シベリアの挽歌』から)

共同通信が公表した「日本人兵士を貴軍経営のため、お使い下さい」との関東軍文書はモスクワ公文書館で他の資料の調査研究中に、私の目に触れた。歴史の真実を前に一瞬我が目を疑った。保存状況からみてこの四十数年、暗い書庫のなかでねむり続けてきたものであった。

そこで斎藤さんが発見し、著書『シベリアの挽歌』に「巻末資料」として収録している「関東軍文書」から、該当のくだりを紹介したい。

第四　今後の処置
一般方針
内地ニ於ケル食糧事情及思想経済事情ヨリ考フルニ既定方針通大陸方面ニ於テハ在留邦人及武装解除後ノ軍人ハ「ソ」聯ノ庇護下ニ満鮮ニ土着セシメテ生活ヲ営ム如ク「ソ」聯側ニ依頼スルヲ可トス
方法
1、患者及内地帰還希望者ヲ除ク外ハ速カニ「ソ」聯ノ指令ニヨリ各々各自技能ニ応ス

ル定職ニ就カシム
２、満鮮ニ土着スル者ハ日本国籍ヲ離ルルモ支障ナキモノトス

この内容を目にした斎藤さんが、激しい怒りに震えただろうことは想像に難くない。引き続き斎藤さんの手記『シベリアの挽歌』から引きたい。

出現した関東軍文書によれば兵士の労務提供は「密約」ではなく公式の「陳情」であった。「帰国まで貴軍経営のためお使い下さい」とは一体何ごとか。日本が受諾した「武装解除を終えたる後、兵士は平和な家庭に復帰する」との「ポツダム」宣言に反し、兵を売ったと云われても弁解の余地はあるまい。

関東軍は十五年戦争の放火者であり中央政府の指令を無視し、日本の戦火拡大に「勇名」を馳せてきたことは歴史の示すところである。その軍隊が、戦火未だ終えざる日ソ最前線での交渉で、「兵をお使い下さい」「国籍を失うも可なり」とは余りに常軌を逸している。

シベリアに四年間にわたって抑留された、斎藤さんの憤懣《ふんまん》がほとばしっている。しかし斎藤さんは怒りを抑えて、シベリアの地に果てた「仲間」へ思いを募らせる。同書から引きたい。

戦争に大なり小なり過誤はつきまとう。しかし、終戦時、軍による居留民置き去り事件や根こそぎ動員、労務提供は過誤といって済ませられる問題ではない。明らかに関東軍参謀らによる意識的な行為である。全抑協はせめてもの想いから極東シベリア一帯の九十六ヶ所の地に埋葬碑を建て、彼らの冥福を祈ってきた。

村民の「射殺」と「焼き殺し」を追悼する碑

さて、横山周導さんである。最初の墓参はハバロフスクだった。約二〇〇人の死没者の眠る墓で、僧侶として読経《どきょう》した。それから毎年のように全抑協の墓参の旅に参加して、シベリア各地に足を運んだ。横山さんは「当初は未確認の墓所が多く、抑留者の墓を探し回っていました」と振り返る。

そうした折の一九九一年夏、全抑協会長だった斎藤六郎さんが初めてイワノフカ村を訪れた。翌年の墓参地を調査するためであった。

「このあたりに日本人の墓はないでしょうか」

斎藤さんが、ゲオルギー・ウス村長に訊ねると、返ってきた言葉は怒気を含んでいた。

「日本人の墓など知らぬ。あなたは、この村のことを知って来たのか、それとも知らずに来たのか」

「何も知らずに来ました。来年お参りする、日本人抑留死没者の墓を探しています」

虐殺の碑

斎藤さんが率直に答えると、ウス村長は「それでは……」と言葉を句切った。私についてきなさい、ということだと受け取った斎藤さんが、ウス村長の後について行くと、村に建立されている碑に案内された。

四角錐体の碑は、別々の場所に一基ずつあった。ひとつの碑の塔頭は金色の星の造形が取りつけられ、もう一方は赤色の炎の造形が見られた。

金色の造形がついた碑は〈日本の干渉軍たちによる犠牲者を永遠に記念する。一九一九年三月二二日、日本の干渉軍たちによって、二五七名のイワノフカ住民が射殺された〉と書かれていた。一方、炎の造形の碑には〈日本の干渉軍たちによる犠牲者を永遠に記念する。一九一九年三月二二日、この地において日本人たちは三六名のイワノフカ住民たちを、生きながら焼殺した〉と刻まれていた。もちろん原文はロシア語である。

イワノフカ村には、「射殺」と「焼き殺し」に遭った村民を悼む「虐殺の碑」が、それぞれ建立されていたのだ。ウス村長は斎藤さんを二基の碑に案内して、この痛ましい事件の説明をし終えると言った。

「我々は、日本人抑留者の墓など知りません」

斎藤さんは返す言葉がなかった。横山さんは、斎藤さんから重い事実を聞いた。横山さんは追懐して、しみじみと語る。

「斎藤会長は、ご自身が知らなかったこととはいえ、日本政府がこの蛮行《ばんこう》を国民に知らせることもなく、また教育の場で取り上げられなかったことに、ソ連に対する恥辱《ちじょく》を覚え、日本政府に対する怒りと不信をいだいたそうです。私もまったく同感でした」

横山さんは、イワノフカ村の歴史資料館でも、焼き討ち事件を確認している。

「館内は素朴な展示ですが、歴史、文化、民族、産業、自然などに分類されていました。日本軍によるイワノフカ事件については、村を焼き討ちされて、教会だけが残った絵や、事件を伝える新聞なども展示されています。日本軍の蛮行に、イワノフカ村の人々が恨みをもっていたと思うと、このまま見過ごすわけにはいかないということになりました。私たちは、どうしたらよいのか、どうすべきなのか、それから斎藤会長を中心に、ウス村長と四年間かけて話し合ったのです」

村長らから聞き取った衝撃の報告書

第一次世界大戦が終結し、パリで講和会議が開かれていた一九一九年三月二二日、シベリアに派遣されていた日本軍はイワノフカ村の焼き討ち攻撃に出た。その事実を現地を訪れて確認したのが、勝善寺住職の横山周導さんである。横山さんの追体験に耳を傾けてから、私は詳しい実態を知りたいと取材を進めた。

実は、日本側の調べた報告書が残っていた。国立公文書館「アジア歴史資料センター」所蔵の『大正八年九月　黒龍州イワノフカ村とタムホーフカ村紀行　佐藤熊男、澤野秀雄報告』である（Ref.B03051074600、各国事情関係雑纂／露領西比利亜（外務省外交史料館））。報告者は民間人で、ウラジオ派遣軍の依頼を受けて、事件の半年後に現地に入った。

「秘」の印が押された『報告書』は、まず〈イワノフカ村は黒龍州における過激派の本場として本年三月、わが十二師団に掃討されたので、有名なる村である〉と記し、〈黒龍州自治会議長アレタセーフスキー氏に乞《こ》うて、村の自治会に宛てて紹介状を発送してもらった〉と述べる。この紹介状により〈自分たちは、日本の新聞記者で、官憲でないことと、黒龍地方の農民の実況を視察して、日本国民に紹介せんと欲するのであること〉を強調して、正直な証言を得たという。

イワノフカ村の区役所で一九一九年九月一二日に村長や区長や郵便局長ら一一人から聞き取った内容を、現代語表記に直すと次の通りである。

本村が、日本軍に包囲されたのは、三月二二日午前一〇時である。その日、村民は平和に家業をしていた。はじめ西北の方に銃声が聞こえ、次いで砲弾が村に落ち始めた。およそ二時間ほどの間に、約二〇〇発の砲弾が飛来した。五、六軒の農家が焼けた。村民は驚き恐れて、四方に逃亡する者あり、地下室に隠れる者もあった。

まもなく日本兵とコサック兵とが現れ、枯れ草を軒下に積み、石油を注ぎ、放火しはじめた。女、子どもは恐れおののき、泣き叫んだ。ある者は一時、気絶し、発狂した。男子は、多く殺され、あるいは捕らえられ、ある者らは一列に並べられて、一斉射撃のもとにたおれた。絶命せざる者らは、一々銃剣で刺し殺された。

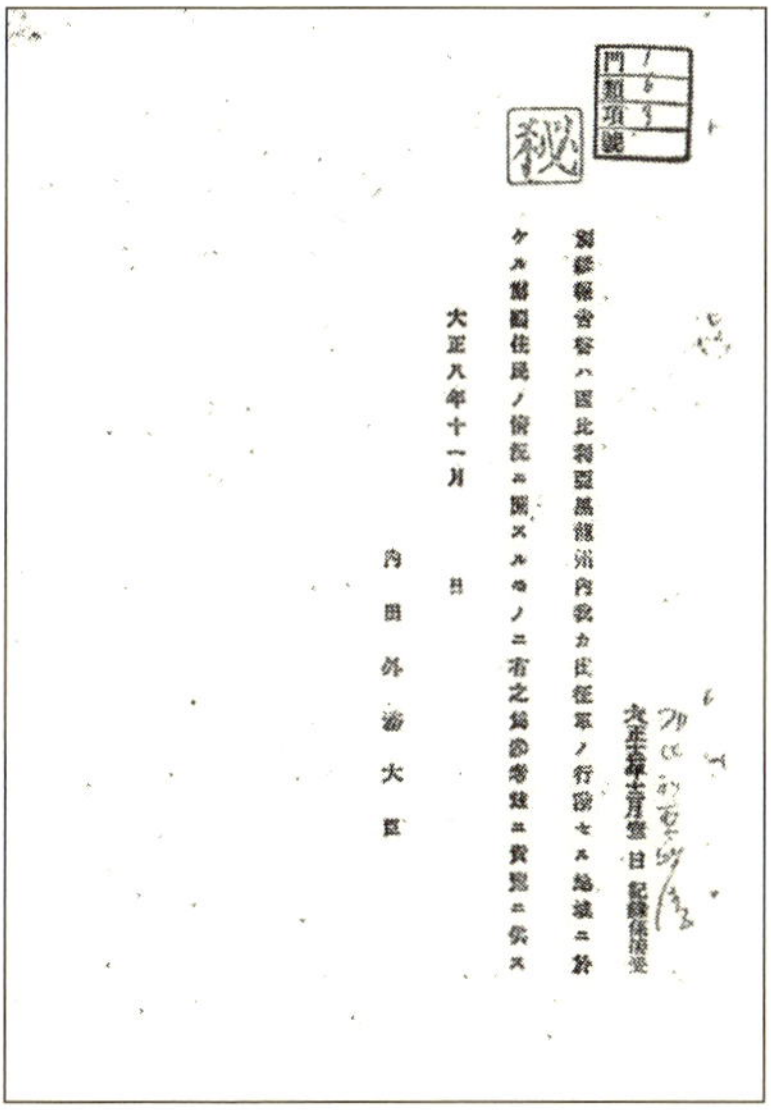
秘
門類項號
大正八年十一月　日
内田外務大臣

『報告書』（アジア歴史資料センター）

最も残酷なのは、二五名の村民が一棟の物置小屋に押し込められ、外から火を放たれて、生きながら焼け死んだことである。殺された者の中で、当村に籍のある者で二一六名、籍のない者も多数殺された。焼けた家が一三〇戸、穀物、農具、家財の消失は無数である。この損害総計七五〇留（ルーブル）に達している。孤児が約五〇〇名、老人のみ生き残って扶養者のない者が八戸、その他現在の生活に窮している家族は多数である。

犠牲者の数が現在の数字と異なるのは、村長らから事情を聴いたのが事件から半年後のことであり、村民以外の犠牲者の把握が完璧でなかったことも考えられる。ただし、虐殺と焼き討ちの事実とその態様は衝撃である。

この『報告書』に出てくる「コサック」は、一六世紀からウクライナやシベリアで活動した独自の騎馬戦士集団で、ロシア政府につかえて極東や辺境の防備に当たっていた。一九一七年のロシア革命でロマノフ王朝が倒れて世界最初の社会主義政権が誕生してから、コサックは革命政権と敵対する反革命軍の主力となった。

日本はロシア革命を奇貨として、シベリアに親日の傀儡政権を樹立すべく、コサック出身のセミョーノフらが率いる反革命軍のてこ入れを決めた。革命支持派の抗日パルチザンに対して、コサック軍と共同戦線を張ることも珍しくなかった。

さて、『報告書』にもどると、次の意見が当時の村長らから出ている。

この焼き討ち事件は、日本軍の大過失である。なぜならば殺された者の内には過激派でない者が多く、焼かれた家は全然、過激派の家でない。むしろ反過激派とも称すべき資産家ばかりであったからである。この事があって以来、村民の大部分は極度に日本軍を恨《うら》んだ。そして自然に過激派に変ずる者も少なくなかった。

もっとも当村には一時、過激派の本部があったから、日本軍もコサック軍もこの村を中心として過激派の討伐を行ったものだろうが、焼き討ち当時は、過激派軍は全部逃げ去って、この村にはいなかった。仮にいたとしても、村民の罪でないと思う。村民は武力の無い者である。過激派が武力をもって要求する以上、誰でも命が欲しいから、何事にも承諾せざるを得ない。

焼き討ちの絵と横山さん（イワノフカ歴史資料館にて）

翻《ひるがえ》って、過激派のほうから見れば、日本軍やオムスク政府軍に便宜を与える村は、彼らの敵であるから、いつも彼らの襲撃を受ける。これでは実際、農民の立つ瀬はないのである。ゆえに、仮にこの村に過激派がいるとしても、それを日本軍に密告するようなことは到底できないことである。

シベリアのアムール州イワノフカ村で、日本兵による残虐な殺害事件があったことはまぎれもなかった。実は横山さんはその後、「不思議なことがあるものだ」と驚くような事実に遭遇する。イワノフカ村に「懺悔《ざんげ》と追悼の旅」を続けていた折、叔父にあたる海軍兵が焼き討ち事件の時、近隣に駐留していたことがわかったのだ。横山さんは振り返って、次のように語る。

「イワノフカ村で焼き討ち事件があった一九一九年といえば、私の生まれる五年前のことです。このとき私の叔母の主人が、海軍の兵士としてシベリアに出兵していて、しかもブラゴベシチェンスクに駐留していました。アムール河の支流で砲艦の運用にあたっていたようです。私にとって叔父にあたりますが、遺族の孫から祖父が日記を残していたと聞き、さっそく見せてもらいました。

二六歳だった叔父は、数十冊の手帳に日記を書いていたのです。その日記には、イワノフカ村から約三〇キロ離れた場所にいながら、〈黒煙漠々《ばくばく》天を焦がして立ち上がる〉〈砲声を聞いた、双眼鏡を手にすれば現場ありありと見へた〉と残しています。

日記を書いたのが私の叔父で、イワノフカ村に懺悔追悼のお参りをしている私は甥ですから、いや、驚きました。私と叔父が、一〇〇年の歳月をこえてイワノフカ村の事件を共有していると思うと、不思議な縁を感じてなりません」

奇しき縁であった。そうした縁に遭遇したのも、それだけ多くの日本人が戦争兵士としてシベリアに派兵されていたからだろう。懺悔と追悼の心を深めていた横山さんは、シベリアに出兵した叔父の日記に出会って「神妙な気持ちにさせられました」と語るのだった。

横山さんが「奇しき縁」を確認したイワノフカ村の焼き討ち事件であるが、この事実を知った全抑協の斎藤会長は七〇歳で刊行した手記『シベリアの挽歌』にこう書き留めている。

追悼碑に献花して祈る斎藤六郎さん
(『シベリアの挽歌』から)

> シベリア出兵で日本軍がウラジオでアムールで何をしたのか、日本人がシベリア抑留の悲劇を強調するようにロシア人もまた心に宿しているのが戦争の傷跡である。「シベリア出兵」も「シベリア抑留」も二〇世紀における同時代の出来事である。二一世紀は元来た道を繰り返してはならない。
>
> 私は国家の始めた戦争の犠牲者が連帯し、平和共存をめざさずして国家間の懸案は解決しないと思う。私は今年で満七〇才、今年の願いとしてシベリア出兵の際、日本軍の焼討ちにあって一村全滅したアムール州イワノフカ村に、犠牲者を

弔うマリア観音像の建立を思い立っている。日ロ両国民の恒久の平和を祈ってのことである。マリア観音像は、ロシア正教のマリアと日本の観音像の異佛混合形態の像である。

徳川幕府によってキリスト教が国禁の宗教として弾圧にさらされた時期がある。キリスト教徒はマリア様を観音様の衣服で身を覆い幕府の目をくらましたという非史がある。犠牲になったロシア人のためにマリア様を、そしてマリア様を守った日本の観音様を一体化してまつることにした。

日ロ共同で「懺悔の碑」を建立

イワノフカ村に日ロ共同追悼碑「懺悔の碑」が建立されたのは、一九九五年七月一六日のことだった。全国抑留者補償協議会の斎藤六郎会長とイワノフカ村のウス村長が、四年間にわたって話し合った末に、平和を祈念する追悼碑の建立に結びついた。横山周導さんはこう語る。

「私たち日本人は、シベリア出兵において、イワノフカ村の幼児から老人まで、非戦闘員を虐殺した過去の非を反省し、ロシアの人々は日本人を抑留して戦後のシベリア復興に酷使したことで、多くの日本人を死に至らしめたことを反省する。そうして共に、この事実が戦争に起因したことを心に刻み、再び戦争の惨禍を起こさない——と日ロ共同追悼碑に誓うことに決めたのです」

日ロ共同追悼碑はイワノフカ村の広い公園の中央に、まさにシンボル的な存在として建立された。高さ八メートルの白いタイルの塔柱だった。その頂上部には、ロシア正教のビザンツ式十字架が掲げられ、日本側が無辜《むこ》の村民を虐殺した懺悔を表している。中央には円形の観音像レリーフが彫られ、ロシア側が終戦後にシベリアに抑留して約六万人の死亡者を出すに至った懺悔を示した。

追悼碑の除幕式には、約一五〇〇人のイワノフカ村民をはじめ、近隣の村からも大勢が参加して盛大に営まれた。日本からは斎藤会長ら四〇人が列席し、日本から持ってきた七〇〇本の菊の造花が供えられた。

横山さんは僧侶として開眼供養と法要を務め、ロシア側は牧師がミサを行った。全抑協の斎藤六郎会長は体調を壊していたが、車椅子で在席し、次の追悼の言葉を述べている。

> 一九一九年三月、ここイワノフカ村に侵入した日本軍は、非戦闘員たる村民に対し、無差別の攻撃を加え多くの犠牲をみるに至りました。歴史の汚点は清められることなく、今日に至っております。一九〇〇年代の日ロ関係は戦争と対立の時代でした。
>
> 一九四五年にはシベリア抑留があり、多くの日本人が犠牲になりました。わが国を訪れたエリツィン大統領は宮中晩餐会の席上この問題で謝罪し、わが国の天皇は「ただ今の大

統領のお言葉を、感動をもってお聞きしました」と答礼され、日本の大世論もこれを支持いたしました。

　今日、イワノフカ村に建立された追悼碑は、エリツィン大統領の謝罪に応えるものです。私たちは戦争の遺産を取り除き、両国民の信頼のもとに講和条約を締結し、二一世紀に向けて永き平和を祈念するものであります。

　ここに、犠牲になられたイワノフカ村民の方々に、心から謝罪し、ご冥福をお祈りする次第であります。

　一九九五年七月一六日
　全国抑留者補償協議会会長　ロシア民族友好大学　名誉博士　斎藤六郎

そしてウス村長は、こう明言した
「今は、日本に対する恨みはありません」。
追悼碑の除幕式から五カ月後の一二月二八日、斉藤会長が急逝する。享年七二だった。斎藤会長のロシア側の補佐役として最前線で活躍したロシア人女性のエレーナさんは、著書『シベリアに架ける橋』で次のように偲んでいる。
私は会長を団長とする全抑協代表団の一員として、この合同慰霊祭に参加したが、こうした会長の地道な努力が実り、村民たちの積年の恨みが氷解して、ロ日友好親善の機運が高まった。ロシア市民の一人として、私はこんな嬉しい思いをしたことはかつてなかったことを今でもはっきり覚えている。しかし、さしもの会長も長年続いた極限に近い激務のため、この合同慰霊祭から帰国後に体調を崩して、それがもとで帰らぬ人となったのだ。

斎藤会長の死去により翌年の墓参ができなかったが、翌々年の一九九七年から、横山さんと斎藤会長の妻次子さんが中心になって参拝ツアーを組んだ。

このとき横山さんらの一行は、イワノフカ村をあげての歓迎を受けた。アムール州都のブラゴベシチェンスクの駅に列車が着くと、アムール州平和基金委員会のヴァシリー議長らが赤と白のカーネーションを手にして、寝台車の前までやって来た。

ウス村長は、村の入り口までマイカーで駆けつけ、村役場まで先導してくれた。役場の前には大勢の職員が、まるい花模様の大きなパンと塩を持参して、村として最高の礼で迎えてくれた。横山さんはこう追想する。

懺悔の碑

「前回とちがって、日本兵によって虐殺された事実を示す二基の追悼碑には、案内されませんでした。ウス村長の配慮があったのだと思います。親善と友好と平和を真剣に考えておられるのだと察せられました」

横山さんらがウス村長を日本に招いたのは、二〇〇一年四月のことだった。平和集会で、ウス村長はこう述べた。

この地球上で、命のあるものは、皆同志です。皆が太陽の恵みを受け、同じ水と空気を共有しております。あなたが飲んだ水は、巡り巡って、私の飲む水となり、あなたが吸って吐いた空気は、私が吸い、次の人にわたします。だからこそ、戦争をしてはならないのです。戦争をすれば、地球がつぶれてしまう時代です。何年かかっても話し合いで、平和を求めなければなりません。武器は持たない、使ってはならない。命あるものは、皆同志なのです（「ロシアとの友好・親善をすすめる会」の報告集から）。

横山さんは「私はウス村長の言葉を肝に銘じています」と明言した。

そして二〇〇七年にはＮＰＯ法人「ロシアとの友好・親善をすすめる会」が誕生する。前年のシベリア墓参中に参加者のなかから、このような大切な行事を老齢の横山さん一人に任せるのは大変なことだから、この機会にＮＰＯ法人を立ち上げよう――との声があがった。シベリアから帰国後、七名が中心になって準備をすすめ、この年の一二月にＮＰＯ法人の設立総会を開いた。翌年の二〇〇七年四月に岐阜県の認可を得て、ＮＰＯ法人「ロシアとの友好・親善をすすめる会」が発足に至った。

横山さんは押されて理事長に就任した。こうして墓参ツアーを推進するのだが、二〇回目となる「懺悔の墓参」を迎えたとき、横山さんは次の追悼の言葉を述べた。

私たちはイワノフカ村の事情を知らない間は、当然のごとく日本人抑留者の墓地へお参りすることに没頭してまいりました。そして被害者の立場のみでシベリア墓参をしていました。一九九五年、元全抑協会長の斎藤六郎氏の努力とウス村長のご理解により、この地に懺悔の碑が建立されてからは、私のシベリア墓参は、いままでと一変して、加害者としての懺悔追悼の墓参となりました。これは他の団体にはないことで、今後広く日本人に理解していただきたい点であります。この碑の前にお参りして、共に懺悔する共通点に立ったとき、私は信頼と安心という両国民の強い絆を感じました。

一九九五年七月一六日、この日ロ共同追悼碑建立の式の後、昼食会において、イワノフカ村ウス村長から、「日露平和条約早期締結百万人署名運動」の提案がなされ、大拍手のなかで決定されました。その後、毎年墓参を重ね、今年は二〇回目になります。
平和条約締結を大目標として、一人でも多くの日本人に、この碑の意義を知っていただき、一日も早く平和条約の締結を願うものであります。日ロ共同追悼碑の原点を思い起こし、懺悔追悼の言葉といたします。
二〇一四年八月二二日
NPO法人ロシアとの友好・親善をすすめる会　理事長　横山周導

この追悼の言葉には、加害と被害を乗り越えて平和を構築していこう——との横山さんの思いが凝縮されている。

ところで、この年の春にアムール州平和基金委員会のヴァシリー議長が亡くなった。横山さんらシベリア墓参団にとって欠かせない存在で、アムール州にある日本人墓地の護持と管理に力を注いだことでも知られる。横山さんはこの年の報告集『シベリア抑留者　墓参と交流の旅』に、〈忘れ得ぬ人〉と題してヴァシリー議長について、次のように書き記している。

一九九五年七月一六日、アムール州ブラゴベシチェンスク市の東方六〇キロ程の処にある、イワノフカ村で、日ロ共同追悼碑が建立されるので、その開眼供養に、シベリア墓参団四〇名がお参りしたのが、ヴァシリー氏との初めての出合いであった。ヴァシリー氏は、アムール州内にある日本人抑留死没者の墓地二〇ヶ所について管理され、ブラゴベシチェンスクの平和基金事務所には七冊の関係書類と写真が残されていて、毎年墓参者の案内や墓地の管理に力を入れて下さった。

ヴァシリー氏は、州内二〇ヶ所の日本人墓地の中にまだお参りしていない墓地が七ヶ所あることを話されたが、それは大変不便な土地のため、旅行日程に入れることが大変難しい場所である為で、ヴァシリー氏の希望（本来は私たちがお参りせねばならない所）に添えなく、遂に本年ヴァシリー氏はお亡くなりになられ、残念でなりません。

ヴァシリー議長と横山さん
（「ロシアとの友好・親善をすすめる会」の報告集から）

二〇〇六（平成一八）年、アムール州の東方地区で墓参した時、二ヶ所の予定でお願いしてありました。ところが、時間に余裕が出来ましたので、更に一ヶ所をお参りすることにして墓地に着くと、その墓地も大変良く整備されていました。ヴァシリー氏が常に日本人墓地の管理を心がけておられる現れと思いました。アムール州のまだお参りしていない所へ、是非お参りする計画をたて、ヴァシリー氏の願いをかなえたいと存じています。

二〇〇一（平成一三）年四月、パタボア女史やウス村長そしてヴァリシー議長の三名が日本へ来ていただいたことは、忘れられない、せめてもの私の安らぎであります。

また亡き斎藤六郎会長の妻次子さんは、同じ報告集『シベリア抑留者　墓参と交流の旅』に亡夫と連名で〈お別れの言葉〉を寄せている。

日本とロシアには平和を願っております人々が、数多くおります。特に日本軍のシベリア出兵の際に犠牲になられた多くのロシアの人々、そして、第二次世界大戦終結の後に、旧ソ連によって全ロシアに強制抑留され、命を失った多くの日本人達は、平和であったならば命を落とす事無く幸せな人生を過ごすことが出来た筈でした。

この人達の大きな大きな犠牲を無にする事が無い様に残された私達日本とロシアの国民は心を尽くさなければなりません。私達はそのために、ヴァシリー様を頼りとして墓参と交流を続けてまいりました。しかしながら今年春に、ヴァシリー様が天に召されたと知り、私達は驚きと深い悲しみに包まれて過ごしております。（中略）ヴァシリー様どうか天空から私達墓参団のことをこれからも長く交流が続きます様にお見守り下さいます様お願い致します。ヴァシリー様本当にありがとうございました。

横山周導さんは、シベリア抑留の体験から被害者の立場で墓参をしてきたが、イワノフカ事件を知ってから加害者として懺悔の追悼墓参を続けている。

シベリア出兵から一〇〇周年の二〇一八年七月には、イワノフカ村のオリシェフスカヤ村長をはじめ少年少女合唱団の一〇人が、NPO法人「ロシアとの友好・親善をすすめる会」の招待で来日した。一〇人の児童生徒はイワノフカ村の芸術学校で楽器の演奏や民族舞踊などに取り組んでおり、一〇歳から一六歳だった。

日露交歓コンサートでは、ロシアの伝統的な楽器バラライカを鳴らし、故郷の歌を披露した。ロシアのオペラ歌手や日本のピアニストも出演した。

法人の理事長を務める横山さんは、こう語るのだった。

「これからの時代は若者たちの交流が大切だからと、イワノフカ村の人々の切望で実現したのです。私の住む揖斐川町にも来ていただきました。町の児童合唱グループは浴衣姿で参加し、ロシアの子どもたちとの大合唱を六〇〇人が鑑賞するなど、一週間にわたって有意義な時間を共有しました」

そして真夏の八月二一日、横山さんらは「シベリア出兵一〇〇年　イワノフカ村『共同追悼碑』・アムール州慰霊と交流の旅八日間」のツアーを組んだ。日本から三四人が参加し、中学生の女生徒も加わった。

横山さんと同じ年齢のイワノフカ村のウス元村長が「この村のことを、ずっと忘れずにいてくれてありがとうございます」と迎えてくれた。横山さんは「悲しく痛ましい歴史を忘れることなく、次の世代に平和の大切さを伝えていきたい」と語り、深く頭を垂れてから、読経をささげた。

日ロ共同追悼碑を建立した両国の人々は、戦争の傷痕を乗り越えて平和をつくっていくうえで、何が大切かを教えてくれる。相手の立場に思いを馳せることで、相互の信頼は生まれる。戦争は、自国だけからみてはならない、平和はこうしてつくりあげていくのだと、私は深く思い至った。

第二章　田中大隊の全滅

――復讐心をあおった軍国美談

抗日パルチザンと「ユフタの戦い」

日本が戦争を繰り返していたとき、戦没者を祀《まつ》る陸軍墓地が各地に見られた。召集されると本籍地の部隊に入営する「本籍地主義」だったので、団結をはかりやすい郷土色豊かな歩兵連隊が生まれた。郷土部隊とも呼ばれ、全国に約七〇部隊あった。それだけ陸軍墓地も多くなり、毎日新聞によると全国に九二カ所あった。ちなみに海軍墓地は鎮守府ごとに設けられた。

ＪＲ大分駅から歩いて、大分市志手五の桜ケ丘聖地（旧陸軍墓地）を訪ねた。「ご案内板」には次の説明が見られた。

桜ケ丘聖地は明治四十一年陸軍歩兵第七十二連隊が大分市駐屯の際設けられて以来大分市に駐屯或は設置された連隊または学校（明治四十年～大正十四年第七十二連隊、大正十四年～昭和十八年第四十七連隊、昭和十八年～昭和二十年陸軍少年飛行兵学校）と大分連隊区司令部により管理され、これらの関係戦没者および郷土出身戦没者の御霊を合祀してある旧陸軍墓地であります。終戦により大蔵省が管理することになり、昭和三十年払い下げを受けて大分県が管理することになって現在に至っています。

大分市の旧陸軍墓地には、シベリア出兵の戦死者が多く眠っている。「ご案内板」の「墓碑例祭日」に〈シベリア事変田中大隊戦没者碑　二月二十六日〉とあり、その墓石は約三〇〇基にのぼる。田中大隊は、陸軍第一二師団（小倉）に所属した歩兵第七二連隊第三大隊のことで、田中勝輔少佐が率いた。

小高い墓地の坂道を登ると、田中少佐の墓があり、その下方に兵士たちの墓がひろがっていた。墓石群は等間隔で縦横に並び、墓碑の側面に〈大正八年二月二十六日於露国黒龍州ユフタ戦死〉と刻まれている。ユフタはアムール州の村で、州内を横断するシベリア鉄

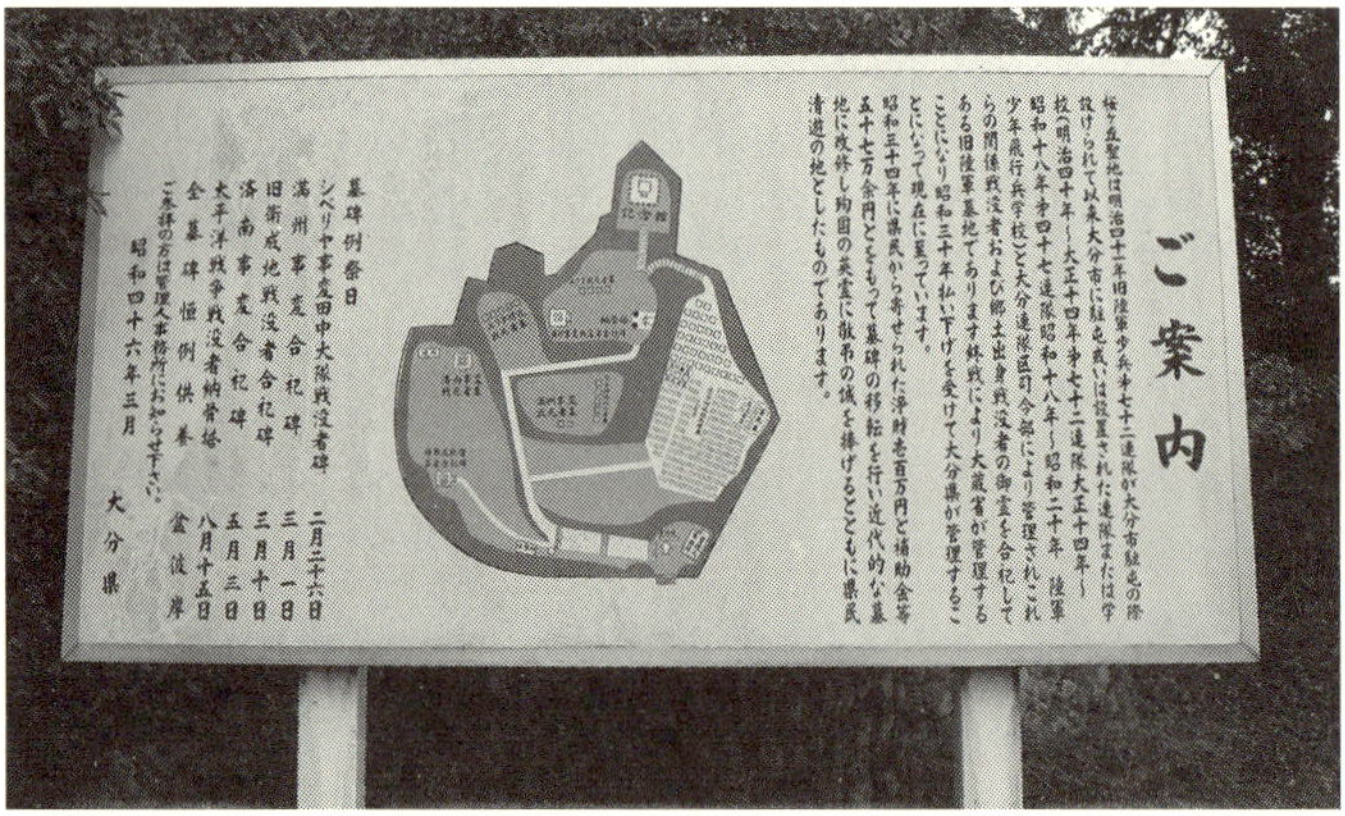

案内板

道にユフタ駅があった。

大分市に「ユフタの墓」を訪ねたのは、「イワノフカ事件」（一九一九年三月）の報告書に、次の記述が見られたからである。

本村は元過激派の本部があった所で、村民のなかより多くの過激派軍を出したのみならず、村民の祖先はその昔、露国政府のために流刑に処せられた者ばかりだそうである。だから、気が荒い。第十二師団の過激派討伐もこの村を中心とし、この村を過激派の巣窟として行われたそうな。左様聞いてみると、焼かれたのも止むを得ない様である。加えるに、過激派のために、田中大隊全滅の悲惨事を見たる九州男児の憤激よりして、この大活劇を演じたるとして見れば、焼いた方にも無理はなさそうである。

いかにも日本側の報告書らしいが、田中大隊（支隊）の全滅が集落焼き討ちの「イワノフカ事件」を引き起こしたとみられる。では「ユフタの戦い」の実相は、どうだったのか。

『陣中日誌』などによると——歩兵第七二連隊第三大隊（田中勝輔隊長）は一九一八年八月にウラジオストクに上陸し、九月初めにハバロフスクに進んだ。このあと「田中大隊」は砲兵などの配属を受けて「田中支隊」を編成すると、抗日パルチザンの退路を遮断する任務を受けてユフタ（ブラゴベシチェンスク北方）に入った。

敵情視察に出向いた小隊（四四人）が苦戦しているとの伝令を受け、田中少佐は一五〇人を率いて救援に向かう。しかし地の利がある抗日パルチザンは、挟み撃ちをかけてきた。重囲に陥った「田中大隊」は全滅し、後続の砲兵中隊や歩兵小隊も奇襲攻撃に遭い、一〇七人が戦死した。野砲二門が奪われている。これが「ユフタの戦い」だった。

極東のシベリア出兵は国と国の戦争ではなく、ロシア革命に乗じた干渉戦争だった。このため、なぜパルチザン（革命支持派の非正規軍）と戦わねばならないのだとの疑念は、多くの兵士が共有していたに相違ない。反革命派のコサック軍と組んで、親日政権の樹立を目指すといっても、末端の兵士が割り切れないのは当然だろう。

一方で革命派軍はもとよりロシアの一般住民にしてみると、自分たちの国土で暴れる日本軍は許せない存在となっていった。かくして労働者や農民による武装集団パルチザンが生まれ、過激な抗日部隊と化した。地の利があり、厳寒の生活に慣れているので、神出鬼没のゲリラ戦を得意とした。

その結果が、田中大隊の全滅であった。ユフタの戦い直後に村に入った第一二師団第一四連隊の松尾勝造上等兵は、著書『シベリア出征日記』に次のように記している。

朝食を済ませると、八中隊はこの全滅した兵の死体片付けに行くこととなった。少尉殿の指揮を受けて途中警戒をして、山また山を越え現場に着いた。第一に見付けたのが砲兵の全

ユフタの墓

滅。その兵士の姿を見て驚いた。皆白襦袢《じゅばん》一枚に裸身にされている。防寒用胴着、外套《がいとう》、衣袴《いこ》、ジャケツ、襦袢、袴下《こした》、靴を脱がせ靴下まで取って行っている。また認識票も取って行っているから、この屍《しかばね》が誰やら一寸《ちょっと》も分らぬ。嬲《なぶ》り殺しをされている一人の身体に、剣で突いたり切ったりした傷が十二、三はある。頭を西瓜《すいか》割りの如く割っている。耳、鼻を殺《そ》いでいる、手足を折っている、それが一夜の寒に晒《さら》されて、二人、三人重なったまま大木の如く堅く凍り付いて重なったのを離そうとすれども、一人と一人の間に氷が凍り付いて、手は顔に当てたまま、足は手にひっ付いたまま、梃子《てこ》でも動かぬように凍り付いている。その悲惨、二た目と見られたものではなかった。

　それより歩兵の戦死地に進んだ。三列隊形を作ったまま枕を揃えて死している。如何《いか》に急にやられた、如何に一時にやられたかが分る。隊形変更する暇もなくやられたとすれば、その敵の数も何千であったかが思いやられる。歩兵も砲兵の如く裸身にされている。衣服、靴、全部はがれ、日本の鉄砲も、弾薬も、剣も、帯皮に付いたまま取って行っている。……皆歯を食いしばって、手を握りしめて死んでいる。

屍ばかり見ている訳には行かず、哀れなれども火葬の準備に取り掛った。まず薪を山程積んで、戦死者をその中にまた薪を山程積んで火を点ける。バリバリバリバリと言う音とともに歩兵は灰となってしまう。焼ける端から、また砲兵と言わず歩兵と言わず、大木を投げるように火の中に投げ込むのである。腹の焼ける時は腹の中の水が火のため膨れ膨れて、終にはパーンと言う音とともに腸が破裂をする。その度毎に内臓が奔《はし》り飛んで我々の手と言わず足と言わず飛んでくる。大腸が木の枝に引掛ることもある。その悲惨、その臭いこと、近所にはおれない。こうして焼いた後、残ったのは白骨ばかり。何百の骨が集まったこととてサラサラ河原の石をあせるようである。

こうして大きな袋に入れて橇《そり》に積んで帰って来た。学校で白骨を何百人の名前に配するそうな。この白骨なるものがちょうどその人の親許に行くかどうかは疑問とするところ。こうして袋の中に一緒に入れてガヤガヤにしてしまっているのを、一掴《ひとつか》みづつ配布するのだから、一人の骨が三人も四人分にも配されていることだろう（二二八―二二九頁）。

これが戦争の実相だとはいえ、あまりに生々しい記述である。

田中大隊（支隊）の全滅は、日本政府と軍部に強い衝撃を与えた。部隊の全滅を経験したことがなかったからである。そのことは、陸軍少将だった菅原佐賀衛著『西伯利《シベリア》出兵史要』の次の記述からもうかがえる。

全員悉《ことごと》く斃《たお》れ、急を友軍に報ずるものすらいないと云う事は何たる悲惨の事であろう。併《しか》し此の部隊の戦闘は悲惨にして同情すべきものであると云う許りでなく、勇敢にして且つ壮烈なるものであるといわねばならぬ。全滅と云う事は能《よ》く聞く事であるが、所謂《いわゆる》全滅の中には尚《な》ほ生きて戦場を去る少数のものがあると云ふのが普通の全滅である。今回のごとき真の全滅なるものは未だかつて之を聞かないのである。（中略）然るに何事ぞ、彼れ過激派軍は是等忠勇なる我将卒から其被服を脱取して居たのである、是が為負傷者にして尚ほ回春の見込みあったものも遂に凍死の已《や》むなきに至ったのであろうと想像せられる、之を見たものは勿論、之を聞いた出征軍の将卒、其の暴状に憤慨し、肝に銘じて其の復仇《ふっきゅう》を誓ひ、過激派軍に対する敵愾心《てきがいしん》の一時に昂起《こうき》したと云ふ事は実に当然の事である（七九―八〇頁）。

靖国神社にある田中支隊忠魂碑

これだけの犠牲者を出したことで、ロシア革命に乗じた干渉戦争の是非が問われたのはいうまでもない。しかし、当初からの出兵方針は変わらなかった。当時の原敬首相は〈田中陸相より西伯利地方に於《お》ては、従来の如く過激派に反対するの方針を取るべしと提議し、閣議之に決す。目下に於ては外に取るべき手段なし〉と、日記に書いている。

この一カ月後、陸軍は名誉の挽回を掲げて、復讐戦に打って出る。第一章で紹介した全国抑留者補償協議会の斎藤六郎会長とNPO法人「ロシアとの友好・親善をすすめる会」理事長で住職の横山周導さんが、多くのことを教えられたと述べている原暉之著『シベリア出兵』は次のように指摘している。

もともと戦争の意味がまったく曖昧《あいまい》で、戦意が低下しがちなだけに、たかが烏合《うごう》の衆と軽視していた敵軍によって戦友の無惨な戦死があい次いでいる様をまのあたりにした兵士たちは、異常なまでに敵愾心《てきがいしん》を掻《か》き立てられ、捨て鉢の報復者集団になっていった。しかも休養不足と想像を絶する厳寒の中、連日連夜の悪戦苦闘はただでさえ殺気立っていた兵士をいっそう神経過敏にさせた。（中略）侵略戦争にあっては、このように神経過敏に陥り、理性の抑制がきかない状態での敵愾心の亢進《こうしん》は、厳格な統制手段が講じられない限り一般民衆に対してまで闇雲《やみくも》の殺戮《さつりく》に走る傾向をもつ。軍幹部はそれを防止するよう然るべき抑制措置をとっただろうか。たしかに「農民ト過激派トヲ分離セシムルノ策ヲ講スルヲ要ス」（河村大尉報告書）という見方もあった。しかし本来「暴徒」と「良民」が分離不可能である点に困難があるのであり、こういっただけでは机上の空論である。かくて「村落焼棄《しょうき》」を実施して構わぬとの方針が打ち出された（四七四頁）。

兵士たちの敵愾心は集落の焼き討ちにショートし、住民の虐殺に至るのだった。国家をあげて、人間が人間を殺す戦争のおぞましさであり、狂乱する人間の一面を見せつけてやまない。松尾勝造上等兵の『シベリア出征日記』に、再び目を向けたい。

三月三日　バーロフカの後道を通って午後五時、ドジェフカ村に着した。この村は敵が命からがら逃げて行ったと言う。道には馬や橇《そり》の使用に耐えない物を敵が捨てて行っているのがある。この村の家宅捜索をやったが敵はいなかった。この村よりバーロフカまでは五里位はあるが、シベリアの原野にある村は何処《どこ》から見ても分る。夜不寝番に立ちながらバーロフカ村を見たところ、村一杯火災である。大方味方が仇討ちにこの村を焼いているということが分かった。その火災明りのために、この村の家までが赤く照らされた。

三月四日　この村は四十軒位はあるが一人としていない。調べた結果この村より敵が出たとのことに、兵隊がそれ焼いてしまへと見る見るうちに全部に火を放った。その焼けること、木造のこととて見る見るうちに炎は天を焦し、煙は一天を黒く漲った。零下四十度の寒気ではあったが、村の全焼のため熱くて堪らぬ。皆村外れに離れて万歳を叫んだ。各将校はこの様を見て、「あらあらこんな大げさなことをやってはいけなかったのに、家を焼くことは厳禁されていたのだが」と今さら困った模様だったが、兵は平気なものだ。……そのドウドウと燃える様、昨日の怨みを晴らすに適当だった（二三六―二三八頁）。

この『シベリア出征日記』について、直木賞作家の高橋治氏は〈これに類する記録を見つけ出すことは不可能だといってしまっても良いだろう〉と冒頭の解説で評している。高橋氏は自著『派兵　第三部』に、次のように書き留めている。

こうした惨敗を取材しながら、私はあることに気づいた。老兵たちがこの討伐作戦の一部について語りたがらないのである。当然知っているでしょうというういい方をされたこともあった。知っているその内容が、愚劣きわまる敗北を必ずしも指していない。それでいながら、皇軍の恥辱にも通ずることであるらしいのは、彼等の顔色から想像出来た。

「ソンミですよ、ソンミ。南京大虐殺ほど大規模ではなかったようだが、ま、ソンミそのものといえるでしょうな」

そう語ってくれたのは、谷五郎氏であった（第十二師団歩兵第十四連隊）。

それは戦史上はパーウロフスコエの戦闘と呼ばれる。勿論、戦史の上に、虐殺の様相は出て来ない。単なる勝利の過程が語られているだけである。だが、〝ひどかった話〟として、それは口から口に語り伝えられた（四〇頁）。

ここに出てくる「ソンミ」とは、ベトナム戦争で米軍が襲撃した南ベトナムのソンミ村（現ティンケ）である。「ソンミ村虐殺事件」は一九六八年三月一六日に起きた。ヘリコプターで村に降り立った米陸軍は、無抵抗の村民五〇四人を殺害して、家屋を焼き払った。米軍は村人を敵対するベトコン（南ベトナム解放民族戦線）の協力者とみなしたようだが、虐殺された村民のなかには妊婦や乳幼児もいた。明らかに無差別殺人だった。

シベリアの日本陸軍による住民虐殺事件について聞き取りした高橋治氏に、元陸軍兵の谷氏が「ソンミ村虐殺事件」を引き合いに出すほどだから、シベリアの日本軍による「村落焼棄」も残虐を極めたのである。バーロフカ村をはじめ一〇カ村以上で焼き討ちを行い、なかでも最たる加害が「イワノフカ事件」だった。

戦場写真から講話の虚構を見破る

シベリアに派兵された戦死者が眠る大分市の桜ヶ丘聖地（旧陸軍墓地）からの帰途、大分県立図書館郷土情報室に立ち寄った。書名に目を奪われて一冊の本を手にした。柴田秀吉著『シベリア出兵「ユフタの墓」――大分聯隊田中支隊全滅の真相』である。版元のクリエイツ（別府市）に問い合わせると、別府市の在住だった柴田氏はすでに鬼籍に入っていた。

限定出版とはいえ、まぎれもなく労作であった。

村落を焼棄した「イワノフカ事件」の引き金となった田中大隊（支隊）の全滅について、その『陣中日誌』から解き明かしている。桜ヶ丘聖地の「シベリア記念堂」に納められていた『陣中日誌』は、部隊が全滅したため点検されずに残っていた。このため「ユフタの真実」に最も近いと判じた柴田氏は、著書に「虚構と事実」の章を立てて、次のように展開している。

シベリア記念堂

田中支隊全滅後、第十二旅団参謀本部は戦場の地形・死体の位置・日本軍薬莢《やっきょう》の数・橇《そり》の跡・人の足跡など戦闘の状況を詳細にわたり調査し、ユフタの戦が敵による待ち伏せ包囲攻撃であったことを知った。しかし軍はこの事実をかくし、これが不期遭遇戦（敵、味方が予期せず出会いがしらに戦闘がはじまること）であったと虚偽の記録をした。

第三大隊『陣中日誌』は、この戦闘の実情をほぼ正確に記録していると思える。それは、戦場に一番近いチスウムスクニ十一番退避線に特務曹長荒瀬がおり、さらに荒瀬以下十九名の重度凍傷患者（列車警備のため残された四十七名のうち二十八名は西川砲兵中隊護衛森山小隊に加えられた）らは、歩四七の六中隊の兵とともに戦場の死体をあつめ薪で焼く作業をしたから、戦闘の状況を知る立場にあった。田中支隊全滅後の第三大隊『陣中日誌』は特務曹長荒瀬自身が書いたか、荒瀬の報告により書かれたものと思える。下士官であった彼には事実を隠ぺいする理由も特権もない（六四—六五頁）。

そのうえで柴田氏は、歩兵第七二連隊長だった田所成恭大佐の講話を取りあげる。田所大佐は大分の連隊に戻ると、部下の兵たちに「田中支隊の戦闘真相」を講話した。これは『田所大佐の講話筆記』として出版され、広く一般県民や国民に読まれたという。

柴田氏は「大佐田所の講和は虚構である」と、反証をあげて厳しく問うている。たとえば特務曹長の遺品にあった写真に着目する。

古いアルバムの中ほどに張っている三枚の写真は、ユフタ西方山地の田中支隊の戦場を写したものである。……季節は五月のはじめであろうか。残雪はもう見えないが、酷寒から解放されたばかりであろう大地は一面の枯野で、裸木も寒そうに見える。……三枚の写真は、雪どけを待って聯隊が田中支隊の死体・遺品の処理、戦場の視察をしたときのもので、三枚目の猛烈

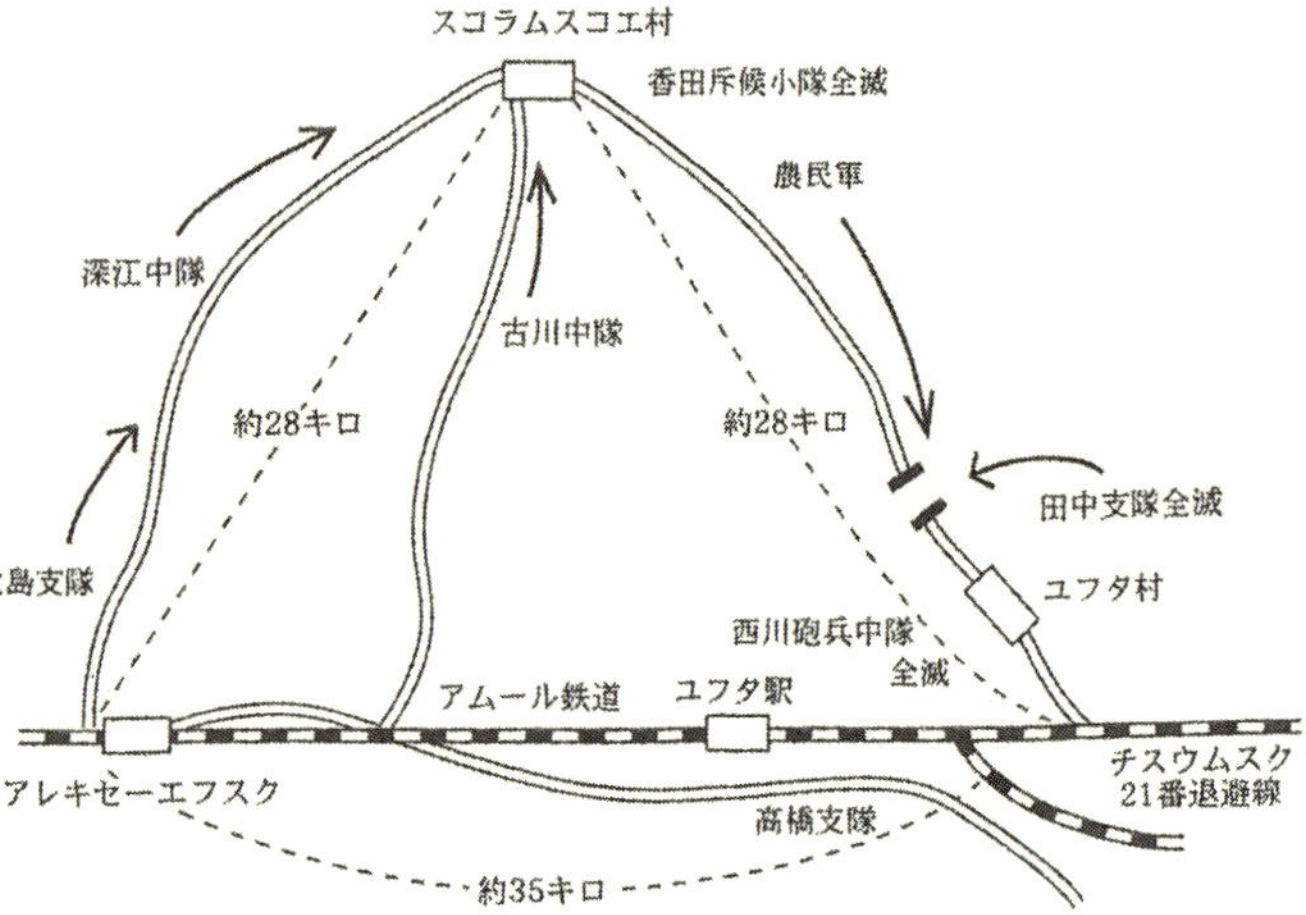

田中支隊全滅（『シベリア出兵「ユフタの墓」』p.50）

な白煙は焼きつつある死骸から立ちのぼっているものと思われる（六八―七〇頁）。

　この三枚の写真を見た柴田氏は〈なるほどそうかと納得したのは、その地形である〉と記して、次のように指摘するのだった。

　写真は参謀本部の図面と一致しており、楕円形の丘陵に囲まれたかなり広い平坦地である。丘陵の裾は密なシラカバ林であり、敵はこの南側面と北側面から主力をくり出し、遮へい物の無い雪原に展開した田中大隊を包囲攻撃、全滅させたと考えられる。田所の「見取図」ではこの地形が書きかえられている。ゆるやかな丘が波のように起伏している地形で双方が闘ったことになっている。それはこの戦闘を「敵が最初から計画して、主力を以て路の両側に伏兵とし、小兵力の前衛を以て負けた振りをし伏兵の側に釣り込み、時を計って伏兵が俄《にわか》に現れ、一瞬に田中支隊を殲滅《せんめつ》」したというような「邪推」をしている連中（当時軍部内にいたらしい）の意見を証拠だてるような「見取図」を彼が書きたくなかったためであろう（七六―七七頁）。

ここでいう「邪推」はもちろん「事実」にほかならない。だから柴田氏は〈大佐田所の『戦闘真相』には虚構がある。そして戦闘の結果の重要なところが消されている〉と述べる。その理由の一つは、失敗の全滅であるかのように言われることに耐えられなかったのだろうと推断して、次のように書いている。

大佐田所は出征歩兵第七十二聯隊＝大分聯隊隊長として、大分聯隊の名誉にかけて、田中支隊の全滅が「敵の僥倖《ぎょうこう》、味方の不運」によるもので、将兵の死が立派な戦死であることを証明する必要があった。そうしなければ「親子の情を忍んで大義の為に命を捨てた勇将三百の英霊は永久に浮かぶ瀬がない」（『田所大佐講和筆記　田中支隊の戦闘真相』前書き）と思っていた。それだけでなく戦死者を弔う責任を感じていた（七一頁）。

柴田氏によれば、連隊長という立場が、虚構の講話に及んだとみられる。田所大佐が講話を脚色したのは、個人的な側面だけではなく、組織の外に向かって取りつくろう軍隊の体質を如実に物語っていよう。

虚構は浪曲によって誇張された

陸軍歩兵第七二連隊（大分）第三大隊（隊長・田中勝輔少佐）がシベリアで全滅したとき、田所成恭連隊長の講和筆記が『田中支隊の戦闘真相』として刊行された。すでに述べたように、郷土史家の柴田秀吉氏は講和の虚構を指摘するが、それは後々のことである。

当時の軍部について、柴田氏は著書『シベリア出兵「ユフタの墓」』に〈権力者・軍はこれを政治的に利用した〉と記して、こう述べる。

陸軍墓地を訪れたときの上原参謀総長や菊池教育総監部本部長は「大分墓地は国民志気鼓舞の上に忠臣蔵と同じだから東京の泉岳寺、大分の陸軍墓地と言う様に当地に来るものは皆ここへ参詣する様に導きたい」といった。また、別府に「お成り」の閑院宮は「お付武官」にこの墓地を参詣させた。こうした動きを語った田所はその結果「管内青年は男子は死ぬるなら戦死に限るとの感を持つ様になり、かえって徴兵を志願する様になった」と兵士たちに講話する（七一―七二頁）。

さらに田所大佐は、連隊の兵士に「大和魂」を説き、大分県民や国民には「忠君愛国」を呼

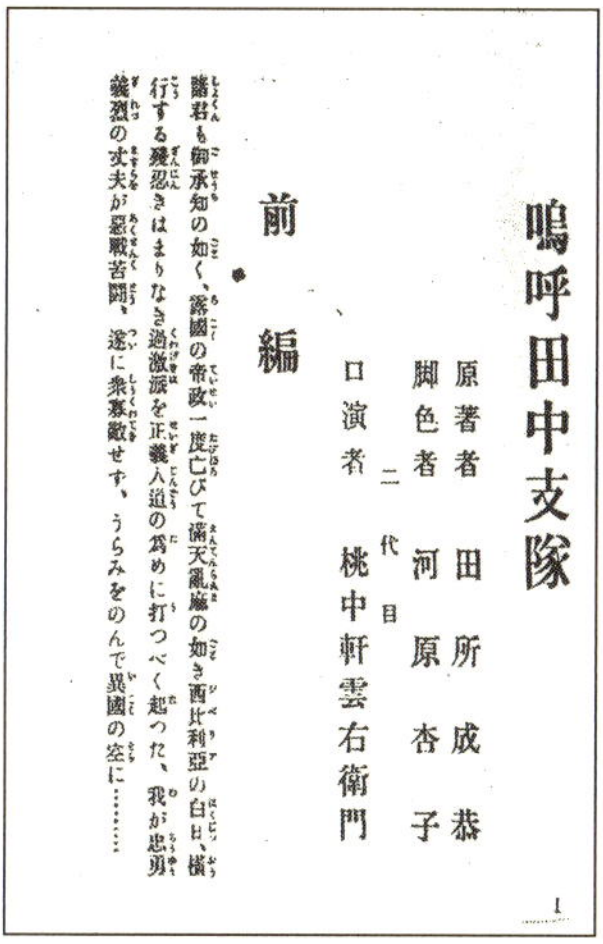

嗚呼田中支隊

原著者　田所成恭
脚色者　河原杏子
口演者　二代目　桃中軒雲右衛門

前編

諸君《しよくん》も御承知の如く、露國の帝政一度亡びて滿天亂麻の如き西比利亞《シベリア》の白日、横行する殘忍きはまりなき過激派を正義人道の爲めに打つべく起つた、我が忠勇義烈の丈夫が惡戰苦闘、遂に衆寡敵せず、うらみをのんで異國の空に……

1

浪曲「嗚呼田中支隊」
（『嗚呼田中支隊』p.1）

２代目桃中軒雲右衛門

びかけた。そして浪曲の台本『嗚呼《ああ》田中支隊』が完成する。田所大佐の「講話筆記」が本になった半年後のことで〈武士道鼓吹《こすい》・民衆文芸宣伝の料《りょう》〉にと、浪曲界の巨人・二代目桃中軒雲右衛門が希望したという。柴田氏は著書でこう指摘している。

この浪曲台本は田所講話よりも話が大きく『戦闘真相』にありもしなかったことが出てくる。敵兵は「殺しても殺しても新手差換《さしかえ》、狂瀾怒濤《きょうらんどとう》、弾雨蕭々《だんうしょうしょう》、十字火狂う包囲線」となり、「大砲　ズドン　機関銃　バラバラ、大砲ドンドン　鉄砲　ピューウ　直射弾・トベリ弾、機関銃、しのつく如くあびせかかれば敵味方傷《きずつ》き倒れ、屍の上に屍は倒る、血潮の上に血は流る」とつづく（八四―八五頁）。

かつて俳優の小沢昭一さんにインタビューした折、反戦歌として軍隊を歌っている、と話してくれた。「兵隊さんの士気を高める軍歌や、世の人たちの戦意を高揚する軍国歌謡なども、マインド・コントロールの道具だったんだな。歌の力は、恐ろしいな。だけど今歌うと、バカバカしくて、反戦歌になる」。今は亡き小沢さんの言葉を思い出したこともあり、浪曲台本『嗚呼田中支隊』から一部を引きたい。

雪を穿《うが》てる徒歩のため、味方の不運が敵の僥倖、これが真夏であったなら、田中支隊の追撃に、敵は何條《なんじょう》たまるべき、殊勲は我に輝いたもの、嗚呼うらみなれ西氏利亞《シベリア》の雪。敵はその本隊の七分を左に、三分を右に、逐次《ちくじ》戦線をひろげてゆく、田中支隊の兵力は僅《わず》かに百五十、敵は戦闘員だけでも四五千をくだらぬ。何しろ数十倍の敵だからたまらない。……部下の一人でも生きている間は、己《おれ》も生きている。彼等の最後を見届けぬ内は、死んでも死なれぬ此身《このみ》の務《つとめ》。先刻撃たれた胸先の傷、急所をそれたのが己の武運のつきぬ所だ。あれを思ひ、これを思ひ、田中少佐には華もあれば實《み》もある、忠と義と孝とには真《まこと》の光がある。……凍《こお》れる手には軍刀逆手、陛下の万歳、凜《りん》たる一聲《いっせい》。はげまされてとびあがったる一人の部下。「大隊長殿、私にも万歳をとなえさして下さい。万歳、御国の為です。皆よろこんでしにます」。「お丶よく云った。一緒に笑って死ぬぞハ、、、、」。「ハ、、、、」。部下は笑ったまま雪中にバッタリ倒れる。少佐は自ら喉笛《のどぶえ》かき切って、見事刃《やいば》に伏したるぞ。壮烈無比の最後也（二三―三五頁）。

二代目桃中軒雲右衛門の口演は迫力があった。柴田氏は著書で、復讐戦にまつわる雲右衛門の口演に言及している。

いよいよユフタ戦の次のバーロフカの戦闘では「人道の敵、文化の仇《あだ》、猛悪きはわりなき過激派を、撃ちたて、薙《な》ぎたて、田楽刺し、一人残らず木葉微塵《こっぱみじん》にふみにじり、帝国精兵の威力をば、全世界にかがやかし、凱歌《がいか》をどっとあげる」となる（八六頁）。

そして柴田氏は〈虚構は、浪曲によってさらに誇張され、素朴で信心深いこの農村漁村県の人々に「過激派・赤露・草賊《そうぞく》」に対する恐怖と復讐心とをあおり立てた〉と指摘する。虚構はひとり歩きし、名調子の浪花節になって世間を席捲したのである。郷土史家の柴田氏は次のように書き残した。

私は「ユフタの墓」を書くにあたって、シベリア出兵やユフタに関するいくつかの郷土史、郷土部隊史なるものを読んだ。そしてどの本も『田所大佐講話筆記』を下敷きにしていることに気づいた。かつて浪曲にまでなった田所大佐著『戦闘の真相』の虚構が敗戦後三十数年にいたったいまでも通用している（八八頁）。

郷土の部隊は、郷土の英雄であってほしい、との郷土の希望があって、そこに符号させるかのように虚構が語り伝えられていったとみられる。当然、軍部の意図も透けて見える。アジア・太平洋戦争では新聞が「軍国美談」に加担して、虚構をあおり立てた。私にとって他人事ではありえない。

柴田秀吉さんの労作は、戦争の真実は美談では語れない、と私たちに教えてくれる。

第三章　「拡大派兵」の強行──傀儡政権の樹立を策動

ロシア極東のシベリアに出兵した「田中大隊の全滅」と、その復讐戦による「イワノフカ事件」を振り返るに、なぜこのような惨事をもたらした派兵を行ったのか──という起点に立ち戻らざるを得ない。ここは歴史の針を戻して、シベリア出兵の経緯と住民虐殺に至るまでの戦闘に発展した背景を、当時の日本政府と軍部の動向から検証したい。

ロシア革命に乗じた干渉戦争

約三〇〇年にわたってロシアを支配したロマノフ王朝が滅びたのは、第一次世界大戦の最中だった。一九一七（大正六）年三月、首都ペトログラードに労働者や平和を求める兵士が集まり、大規模なゼネストを展開した。二月（ロシア暦）革命は帝政打倒に発展し、臨時政府が樹立される。皇帝ニコライ二世はおのずと退位に至った。

ロシアの臨時政府は、これまでと同様に連合国側に立って戦うと明言する。ところが二月革命で生まれたこの政府は、一〇月革命でご破算になる。スイスに亡命していたレーニンが帰国し、社会民主労働党のボリシェビキ派（後の共産党）を率いて武装蜂起に出たのだった。そして一一月七日、世界で初めての社会主義政権となるソビエト政府が誕生した。

レーニンは戦争の終結を優先させ、ドイツと単独講和を結んだ。ここで慌てたのが、英仏など欧州の連合国だった。ロシアが連合国から抜けたため、同盟国の中心にあったドイツが西部戦線に兵力を集中するのではないかと予想されたからで、連合国の指導者はパリで最高軍事会議を招集する。

この会議で懸念されたのが、ロシア極東部の港町・ウラジオストクに積み上げられていた約六三万五〇〇〇トンに及ぶ貨物だった。貨物は軍需品や鉄道敷設の材料などで、これらをドイツ軍の手に落ちる前に処理すべきだとの結論で一致した。

そこでイギリスとフランスは、日本とアメリカに派兵を要請する。イギリスは、日本が単独出兵すれば東部シベリアを植民地にしかねないと警戒して、アメリカとの共同出兵方式を選んだ。しかしながらアメリカは、この武力干渉に自国はもとより、日本の出兵にも反対すると表明した。

だが、日本の軍部とりわけ陸軍参謀本部は、アメリカの反対を押し切ってでも出兵すべきだと強硬だった。参謀次長の田中義一は意見書を提出して、シベリア出兵の持論を展開する。

纐纈《こうけつ》厚著『田中義一』は意見書をとりあげ、そのうえで次のように解説している。

今日の如き情況に於ては自重は即ち国を危するものにして、寧《むし》ろ露国人の敵愾《てきがい》心を利用して独墺勢力の東漸《とうぜん》を防止し又此機会に於て我国の実存に関する支那を包容するの途を講じ、且つ連合予国に対する信義を全てふし以て悲惨の境遇に在る極東の露国人を懐柔して自治国を作らしめ、将来之を指導して富源豊かなる地方を開発するの地歩を占むるは此時を逸す可らず、若《も》し事無きを冀《こいねが》ひ空しく手を拱《きょう》して傍観するが如きは、信を列国に失ひ我国防上沿黒両州を独墺勢力下に委して戦略的包囲に陥り、日本海の制海権を喪失するのみならず列国就中《なかんずく》独墺露人の軽侮を招き、延《ひ》いて支那人の侮慢《ぶまん》を買い遂に自ら何事も為す能はざる境遇を招くものと云わざる可ざる（『田中義一関係文書』）。

ここでは、シベリア出兵の積極的意味を「独墺勢力の東漸」への防止に求め、中国（特に北満）の支配権拡大という従来の目標が「連合与国に対する信義」を果たすことで正当化され、同時に欧米列強の批判回避が可能となる、とする判断を示した。そして、この好機を捉えて有効な対処行動に出なければかえって欧米列強との関係を悪化させるばかりか、中国への影響力の低下をも招かざるを得ないという論理を展開する（二〇二―二〇三頁）。

韓国と中国東北部を領有してシベリアへ

軍部がシベリアに向けて派兵をすすめていたとき、すでに日本は韓国を併合し、中国・遼東半島を租借占領して「関東州」と名づけていた。また南満州鉄道の沿線を付属地にして治外法権を敷いている。シベリアに出兵する以前の日本政府と日本軍の対外膨張政策は、韓国と中国への侵略にみることができる。この点について、ざっとおさらいをしておきたい。

日本政府が韓国の植民地化に向けて、最初に動いたのは日韓議定書の締結だった。一九〇四（明治三七）年二月にロシアに宣戦布告するや、漢城（現ソウル）に派遣していた陸軍による軍事力を背景にして議定書を取り結んだ。韓国の独立や領土の保全を保障するとの名目で、日本軍の占領を認めさせたのだった。

韓国内で自由な軍事行動に出ることにより、日露戦争を有利に進める策略にほかならない。調印に反対した韓国の閣僚は、「遊覧」名目で日本に移送されている。韓国軍の連隊長ら反日派は、漢城から追放された。

韓国駐留の日本軍が議定書に基づいて軍用地を強制収用すると、韓国内で反日運動は激化していった。だが日本政府は、日露戦争の展開が有利になると、続いて第一次日韓協約を押しつける。政府の推薦する「財務顧問」と「外交顧問」を置いて、財務や外務に関する事項は「総て其意見を詢《と》い施行すべし」と明記した。

さらには「韓国保護条約」と呼ばれた第二次日韓協約を承認させるべく、元老の伊藤博文を特派大使として漢城に派遣する。皇帝高宗は、独立国家を否定する保護条約だと拒絶し、閣僚の多くも反対を通したが、伊藤は強い姿勢で臨んだ。演習と称した陸軍のデモンストレーションも派手になされた。

そして一九〇五年一一月、日韓保護条約が締結される。韓国の一切の外交権を奪い、日本政府が管理指揮することになった。韓国が外国に置いていた公使館や領事館などの業務も日本が接収した。さらに日本政府は翌年の二月、漢城に統監府を開設して初代統監に伊藤博文を送っている。

その伊藤博文が暗殺されたのを機に一九一〇年二月、日韓併合条約を強権によって結ばせた。統治機関として京城（漢城を改称）に朝鮮総督府が置かれた。このとき歌人の石川啄木は「地図の上　朝鮮国にくろぐろと　墨をぬりつゝ　秋風を聴く」と詠んだ。

一方、中国である。

日露講和条約により、ロシアから中国東北地方の権益を譲渡されたが、清国の承認が条件だった。大連や旅順を含む遼東半島の主権は、清に属していた。そこで一九〇五年一二月、北京で「満州に関する日清条約」を締結する。この条約で日本政府は、新たな要求を清に認めさせた。東清鉄道（長春―旅順）の延伸、鉄道を警備する日本軍の常駐、沿線にある鉱山の採掘などだった。鉄道には線路を中心に幅六二メートルの付属地が含まれた。

一帯を関東州と名づけると、陸軍は遼陽に天皇直属の関東総督府を置いた。総督には陸軍大将が就き、二個大隊の満州駐箚《ちゅうさつ》師団（関東軍の前身）を統率した。日本軍は軍政を利用して、満州の軍事拠点を固めていった。外交による条約で得た権益以外でも、武力によって維持しようとした。

たとえば日露戦争中に軍用鉄道として敷設した新奉鉄道（新民屯―奉天）は、条約により清への売渡が決まっていた。だが、陸軍は引き延ばしを図る。ロシア軍の動向を視野に入れてのことだが、現地の軍政官は、軍需品の輸送に必要との報告をあげた。これを受けて政府は、清の抗議に対して、軍用鉄道のため撤兵完了以前に売渡の協議には応じかねる、と回答している。ことほどに軍政下の中国東北部で、「権力の扶植《ふしょく》」を進める軍部であった。

第一次世界大戦下では、ドイツの中国利権を奪うため対独戦に臨んだ。ドイツに勝利すると、陸軍は膠州湾・青島を攻略して軍制を敷いた。

中国はドイツの降伏で日独戦争は決着済みとして、青島を含む山東省から日本軍の撤退を求める。だが、日本政府は断固として応じず一九一五年一月、袁世凱の中国政府に対して「二一箇条の要求」を突きつけた。旅順・大連を含む関東州や南満州鉄道の租借期限が切れる前に九九年間の延長を求め、ドイツの山東省権益の継承なども要求に含まれていた。

ともあれ韓国併合により、日本の植民地は、日露戦争で得た南樺太と中国・遼東半島の租借地、それに台湾を合わせると国土面積の七七パーセントにも達した。いずれも軍事力を背景にしており、その結果、当然のように発言力を強めていた軍部は、さらなる権益の獲得をシベリアに求めたのである。

当初は出兵への慎重論が大勢

軍部はともかく、政府内にはシベリア出兵の慎重論が大勢を占めていた。なんといっても、軍部の大御所で元老の山県有朋が単独出兵に異を唱えている。いまや文明の利器となった航空機や機銃などの準備をはじめ糧食の用意すらできていないというのが、その主たる理由だった。山県の後押しで組閣した首相の寺内正毅も「未だその機達せず」として、シベリア出兵には慎重な姿勢を貫いた。

ところで、天皇直属の「臨時外交調査委員会」（外交調査会）が宮中に設置されたのは、一九一七年六月だった。前年の一〇月に成立した寺内内閣は第一次世界大戦下でもあり、外交と国防政策で挙国一致体制が求められた。このため外交調査会の委員には、首相のほかに内相、外相、陸相と海相さらには枢密顧問官らが顔をそろえた。

首相の寺内は政党の支持を得るため、三党首に就任を懇請したが、憲政会総裁の加藤高明は拒否している。だが、政友会総裁の原敬と立憲国民党総理の犬養毅が応諾して、外交調査会の体制は整った。

さっそくシベリア出兵問題がとりあげられる。大本営を開設していないので、外交調査会が最高国策を審議する場となった。席上、単独でも出兵すべしと主張したのが、外相の本野一郎である。ロシア通で知られ、『読売新聞』の前社主だった本野は、第一次大戦後に日本が列強の一角を占めて発言権を握るには、英仏への武力協力が必要だと説いた。だが原敬は、強く反対する。

今日の急務は、我国防を充実して何事か来るも、之に備ふるの決心を要すべし、万一露独が我に戦端を開く場合あるも、此場合には疲れたる英仏は頼むに足らず、若し米国を味方とせば、少なくも軍事の便を得る位のことは之あるべし（『原敬日記』一九一七年一二月二八日）。

原敬は、日本経済は対米依存であり、だからアメリカの協力を得られない出兵は認めないと強調した。一方、山県有朋は必ずしも反対ではなかった。だが、軍事費の調達を含めて、戦略上からアメリカとの共同出兵を条件にあげた。

シベリア出兵に突き進みたい陸軍参謀次長の田中義一は、外交調査会にみられた出兵反対論者や慎重論者を説得するための策を考える。それは日中間で軍事協定を結んで、中国政府から北満州への出兵要請を引き出す計略だった。中国に突きつけた「二一箇条の要求」の第五号に明記された日中兵器同盟を根拠に、中国の参戦軍に武器の供与を約束した。その流れから日中協同防敵に関する文書の交換が行われ、一九一八年五月には陸海軍の日中共同防敵軍事協定が成立するのだった。

ドイツ勢力がロシア領から中国や日本に迫りつつあるとして、「共同防敵」軍事行動をとることが定められた。これによって日本軍は中国領土内に自由に駐兵する権利を確保した。また、ロシア領内に進攻してきたドイツなど敵国勢力の驚威に日中が共同して対処するという名目の下、東清鉄道による軍隊移動と諜報機関設置などに対する中国の協力義務を得たことによって、満州からシベリア方面に向けて軍事行動をおこなう根拠を国際法上も軍事上も確保したのである。(中略) 青島占領以来次第に高まってきていた反日気運は、この軍事協定によって更なる高まりと広まりをみせ、それがマグマのように蓄積されて五・四運動において激発することになるのである (山室信一著『複合戦争と総力戦の断層』、一四二頁)。

中国をねじ伏せるかたちで結んだ日中共同防敵軍事協定が、シベリア出兵を前提にしていたのは明らかで、中国での反日運動に拍車をかけた。

一方、原敬は〈陸軍外交による北満派兵〉を、〈事実は我国より求めたるものなり〉と看破していた。〈内地における出兵論は陸軍側より出たるものにて、陸軍が只陸軍本位にて大局を解せず、其説の行はれざるや、田中義一等は山県を動かし、山県より寺内を壓迫《あっぱく》せんと企て居るもの丶如し〉。原敬は率直なところを、日記 (一九一八年四月四日) に書いている。

出兵宣言前から海軍と陸軍が暗躍

海軍が極東のウラジオストク港へ軍艦派遣の検討を始めたのは、ロシアにソビエト政府が誕生した直後の一九一七年一二月だった。年が改まった一月には、戦艦「石見」が現地入りし、続いて「朝日」も強行入港する。閣議では「居留民の保護が目的」と説明した。

では、海軍の本音はどうだったのか。海軍相の加藤友三郎は、司令官の加藤寛治少将に対し〈「我勢威を示し過激派を威圧」し、無言の圧力をかけ、ウラジオストクの秩序維持や日本の利権擁護に努めるようにも命じていた〉。海軍相が発言した利権の二文字に、軍部の意図をみてとれる。続けて麻田雅文著『シベリア出兵』はこう指摘する。

なお艦隊の派遣は、首相が上奏して天皇の許可を得る、という日露戦争のような海外派兵の慣例は取られていない。あくまで「居留民保護」を目的としていたためであろう。そのため、艦隊の派遣はシベリア出兵の本格的な始まりを告げるものではない。だが、軍艦が他国の港に無通告で入港すること自体が、主権の侵害にほかならない。実際、ウラジオストクの官民のみならず、モスクワのソヴィエト政府も脅威を感じ、日本側に説明を求めた（三六頁）。

ウラジオストク港内で待機する「石見」の加藤司令官は強硬だった。武力で威圧してでも穏和派を支援する必要がある、と強く進言している。「石見」から海軍陸戦隊を上陸させて、ロシア人の反革命政権の樹立を狙っていた。
資源を確保するためにも、シベリアに傀儡政権を樹立したいと意気込むのは日本軍の論理であり、だから陸軍も同様に動いた。
ロシアの一〇月革命の直後に、陸軍参謀本部は「居留民のため極東露領に対する派兵計画」を策定している。参謀次長の田中義一が中心になって推進した。田中は、バイカル湖以東に反革命政権の独立自治国家を形成させたいと考えていた。

要するに、日本の傀儡《かいらい》政権を作って資源の獲得をめざしたのである。(中略)田中はロシア革命という「天佑《てんゆう》」に遭遇した以上、連合国軍との協調によって出兵を決定するのではなく、日本が単独でも列国に向けて派兵声明を発しなければ、「千載の悔い」を遺すという焦燥感にとらわれていた(山室信一著『複合戦争と総力戦の断層』、一三〇—一三一頁)。

傀儡政権といえば「満州国」を思い浮かべるが、後に首相となる田中には早くからこの考えがあったようだ。ところで陸軍には「お家の事情」もあった。前書は次のように記している。

日本陸軍の最大の仮想敵国はロシアとされていたため、帝政ロシアが崩壊すれば陸軍の存在意義が問われ、軍備縮小にもつながりかねなかったからである。そして、ロシアに代わってアメリカが最大の仮想敵国になるとすれば海軍の軍備充実が最優先されることは必定であった。このため陸軍としては存在理由を誇示しておく必要もあった（一二五頁）。

軍部が組織の論理で独走する構図は、すでにこの時点であらわれている。ともあれ陸軍と海軍の露骨なまでの対抗意識は、軍事予算の配分はもとより、シベリアの派遣先でも際だった。「居留民の保護」を名目にして一九一八年一月、極東のウラジオストク港に二隻の戦艦を入れた海軍は、上陸の機会をうかがっていた。

そこへもってきて四月四日、日本人殺傷事件が起きる。武器を持った五人のロシア人が、日本人の経営する貿易会社に侵入して金銭を要求した。拒否されたため三人に危害を加え、うち一人を死亡させた。現地の加藤司令官は、待ってましたとばかりに陸戦隊を上陸させる。約五〇〇人の陸戦隊員は、日本人小学校などに舎営して、警戒配備についた。対して、ソビエト政権の抗議は強硬だった。

「日本の干渉はいかなる点においても、秩序や安寧に資する所以ではなく」、日本人の殺傷は単なる「口実」にすぎず、それはまた政治的意図をもった「挑発的な殺人であり、演出の不可欠の部分」を構成するものであるとした。（中略）レーニンは、ウラジオストックのソヴィエトに宛て、電報をもって事態の重大性を告げ、日本が本格的干渉に乗り出す日の近いことを予言して、「幻想を抱くなかれ、日本は間違いなく突進してくる」と警告を発し、干渉への抵抗の準備を説いた（細谷千博著『シベリア出兵の史的研究』、九九頁）。

一方、陸軍である。田中義一参謀次長は中島正武少将を現地に派遣した。任務は、親日政権を樹立できそうな人材の発掘とそのための工作だった。一九一八年一月のことで、特務機関の制度化にほかならない。

中島は満州にロシア人が築いた街・ハルビンで、老軍人のホルバートに着目する。満州を横断する鉄道の管理局長で、この地の権力者だった。また中島は、反革命政権を目指して私軍を組織したセミョーノフもリストにあげる。コサックと呼ばれた騎馬軍団の出身だった。彼らを援助して、日本軍の出兵に結びつけたい、と中島は考えていた。

陸軍に対抗するかのように海軍は、新政権を旗印に活動を続けていたデルベルをピックアップする。隠れ家を提供し、武器や金銭面の援助を約束した。

親日政権の担い手を求めて、激しく対抗する陸軍と海軍であった。

露骨なメディアへの介入

権力はとかくメディアを支配下におきたがる。戦前に権力の一角を占めた軍部も例外ではない。シベリア出兵に関しては、陸軍があからさまな手を使った。『読売新聞』への介入である。

『読売新聞八十年史』によると、一九一七年一二月に秋月左都夫が第五代目社長に就任した。社主の本野一郎は外相の職務が多忙をきわめたため、社長だった弟に社主を譲り、後釜の社長を秋月に任せた。秋月は外交官出身で、前出の社史はこう紹介している。

彼は、大隈内閣の当時、外相加藤高明と相容れぬところがあって外交界を引退したが、すこぶる進歩的な思想を持った高まい（邁）な人物であった。仏国在任中、哲学者ベルグソンや、思想家ソレルと往復交際するなど、学者らしい一面をもつと同時に、文章の奇才で、社長就任後社説を主宰し、得意の政治外交問題に筆を執った（二二八―二二九頁）。

前社主で外相の本野一郎はシベリア出兵への積極派で通っていた。ゆえに本野は秋月新社長に働きかけた。だが秋月は本野の懇請に応じず、出兵反対論を紙面に載せ続ける。『読売新聞八十年史』から引きたい。

世間は、もちろん読売は本野外相の主張に同調するものとみていた。しかし、社長秋月は、従来の方針通り外交は政争に超越すべきものとの見解を取り、大正六年十二月二十、二十一の両日にわたり、社説において出兵反対論を載せるとともに、寺内内閣の出兵問題に関する言論取締りにつき、強硬に当局の反省を促した。（中略）この時、シベリアの事態はいよいよ切迫し、軍部はどうしても新聞世論を出兵賛成にもって行く必要に迫られて、各新聞社に対し積極的に働きかけて来た。経営不如意の読売もその例外ではあり得ず、前社主本野外相は社の財政状態を知っており、また、閣内における出兵論の主張者としてこれを拒む理由もなかった（二三〇—二三一頁）。

こうした『読売新聞』の窮状につけ込んだのが、陸軍参謀次長の田中義一だった。前掲の麻田雅文著『シベリア出兵』に次の記述が見られる。

田中は出兵のため世論を味方に抱き込もうと、陸軍の機密費を新聞界に注ぎ込んでいた。経営難だった『読売新聞』にも、田中は自分の子飼いの記者、伊達源一郎を雇う条件で、同社への資金援助を本野に申し出る。本野はその誘いに乗り、一九一八年五月に伊達を主筆に迎えた。伊達は強引に社論を転換する。まず五月三一日の社説で、寺内内閣にシベリア出兵の決断を求めた。六月九日の紙面では「ああだ、こうだといわずに早く決めろ」と迫り、七月に入ると連日のように出兵論を展開する（六四—六五頁）。

伊達源一郎は『国民新聞』の編集局長からの転出だった。再び『読売新聞』の社史に目を向けると〈表面は、本野一郎の懇請によるといわれていたが、伊達は、陸軍大将田中義一が操縦していた帝国青年会の幹事であり、その背後勢力の代表ともみられた〉とある。

伊達が乗り込んできた結果について、『読売新聞八十年史』は直視している。

かくて軍部の触覚は読売社内にまで及び、社説や編集がともすれば精彩を欠くようになった。出兵自重論から「シベリア出兵は得策なり」の社説に急変し、さらに「出兵の得失及び緩急」と題して「一日も早く出兵すべし」と主張するに至ったのである（二三一頁）。

田中義一のメディア工作は、その後も続いた。陸相になるや、一九一九年に陸軍省直属の新聞班を設置して、ともかく記者に「美談」や軍部に都合の良い記事を書かせている。

さて、天皇直属の外交調査会である。外相で『読売新聞』前社主の本野一郎は、シベリアへの「自主的出兵」を繰り返し訴えた。一九一八年四月、本野は病床から「帝国自衛のためにもシベリアに出兵すべし」と閣議に意見書を送った。いわば不退転の意見書だが、閣議では再審議となり、本野は外相を辞任する。シベリア出兵を踏みとどまった寺内正毅首相は、その理由として「米国の同意得難き」をあげた。

本野一郎の後任外相は、内相の後藤新平だった。南満州鉄道（満鉄）の初代総裁を務めた経歴をもつ後藤は、前任の本野と同様にシベリア派兵に積極的で、「主導的出兵」を主張する。

しかし最高審議機関の外交調査会では、重鎮の原敬と元外相で枢密顧問官の牧野伸顕が、米国との「協調出兵」を譲らなかった。米国が反対するかぎり、日本の「単独出兵」は認めないとの立場を押し通した。

米国の出兵提案を受け拡大派兵へ

シベリア出兵をめぐる形勢が一転したのは、一九一八年七月八日だった。アメリカが共同出兵を提議してきたからである。ロシア国内に取り残された「チェコスロバキア軍団」（チェコ軍団）の救援が目的だった。

当時、オーストリア・ハンガリー帝国内のチェコ人とスロバキア人は、民族の独立を掲げて政府と対立していた。第一次世界大戦が勃発すると、同じスラブ系のロシア軍に投降して、同盟国と戦う兵士が増えた。四万とも五万ともいわれた「チェコ軍団」である。

ロシア革命によりドイツとの講和が成立すると、チェコ軍団は孤立した。連合国は軍団をウラジオストクに移動させ、そこから航路で西部戦線に参加させようと目論んだ。東進するチェコ軍団に、レーニンのソビエト政権が武装解除を迫ったことから、反発して蜂起する。そこで民族自決主義を掲げる米大統領ウィルソンが救援の名乗りをあげた。

アメリカからの思わぬ共同派兵の提案を受けて、本野一郎の後任で外相に就いた後藤新平は、この提議に応じて出兵すべしと閣議を主導する。鶴見祐輔著『正伝・後藤新平　六巻』に後藤の手記が載っている。

チェコ救助のため日米両国共同出兵の宣言を発することには賛同を表すべきである。しかしながらこれをウラジオストックに局限しようとするのは策を得たものではない。日本帝国は地位その他の関係上、もはや今日の現状に照らし、ウラジオストックはもちろん、かねてから不安を感じ帝国の出兵援護を懇請して来ている者に対し、ウラジオストック以外の必要な地にも軍隊派遣が急用であると認める（五三四頁）。

外相に就任した後藤新平は、熱烈に出兵論を唱道する。だが首相の寺内正毅は、米国の提議に接しても、なお出兵をためらった。しかし後藤の強い主張を前に、閣議は米国の提議に応じて出兵を断行するとの方針を容認した。

後藤新平の「主動的出兵」は、陸軍が望む「拡大出兵」に通じる。だがアメリカの条件は、あくまで「限定出兵」であった。アメリカは日本に共同出兵を提議するも、兵力は両国とも同数の七〇〇〇とし、派兵地域も限定していた。

一方、首相の寺内正毅は一転して「拡大出兵」に方針を転換する。外相の後藤や陸軍参謀次長の田中義一らと歩調を合わせたのだ。陸軍の意向をくんだ後藤は、駐日大使モリスを通じて、米軍と同数の七〇〇〇ではなく一万二〇〇〇の派兵を合意させる。

日本の兵力を一万二千に限定したのは、わが帝国の戦略単位は師団であり、強いてこれを縮小しても、混成旅団以下の兵数を派遣することはわが軍制の許さざるところである。米国は縦《よ》しや七千の兵数を局限しても我は建制上一万二千を下ることができぬ。もし米国がこれを肯《がえ》んぜなければ、我はむしろ出兵せざるにしかずという、強硬なる日本の意見に、米国が譲った結果であった（鶴見祐輔著『正伝・後藤新平　六巻』、五五〇―五五一頁）。

続いて日本政府は、次のシベリア出兵宣言案をアメリカに通知する。

「帝国の地位に顧みて速かに軍旅（兵団）を整備し、之を浦塩に発遣し更に緩急に応じ、西比利亜沿道の秩序を維持するの目的を以て、臨機軍隊を増遣して該方面に出動せしむるに決定せり」

この宣言案は、さすがにアメリカも看過しなかった。「臨機軍隊を増遣」などの文言を大幅に削除したうえで「速かに軍旅を整備し、先ず之を浦潮に発遣せんとす」と直してきた。後藤新平は〈出兵宣言案に関する米国の抗議であった〉と述懐している。

削除された出兵宣言案は一九一八年八月一日、外交調査会に諮《はか》られた。日米の「協調出兵」を条件にしていた原敬は黙認し、翌二日、寺内内閣はシベリア出兵を宣言する。

こうして派兵を優先させたのだが、前掲の細谷千博著『シベリア出兵の史的研究』はこう指摘している。

破綻が弥縫《びほう》され、《協調出兵》の形式がととのえられたものの、日本が《全面出兵》の立場を譲ったわけでも、アメリカが《限定出兵》の線を崩したわけでもなかった。基本的立場の対立を糊塗した上での、見せかけの「合意」が日米間に存在したにすぎなかった（一九九頁）。

シベリア出兵は宣戦布告がないものの、事実上のシベリア戦争だった。ソビエト政府との外交は閉ざされ、七年間にわたり国交のない状態が続いた。

米騒動と新聞への弾圧

シベリアへの出兵が宣言され、ウラジオ派遣軍が現地に向かう準備を進めていたとき、富山県の『高岡新報』に衝撃的な見出しの記事が載った。

〈女軍《じょぐん》米屋に薄《せま》る　百七八十名は三隊に分れて　町有志及び米屋を襲ふ〉〈一隊は浜方有志方へ、一隊は町内有力者方へ、一隊は町中の米屋及び米所有者の宅を襲うて現下の窮状を訴えて、所有米は決して他地に売却せざる事、此際義侠的に米の廉売を為されたしと哀願し、尚お若《も》し

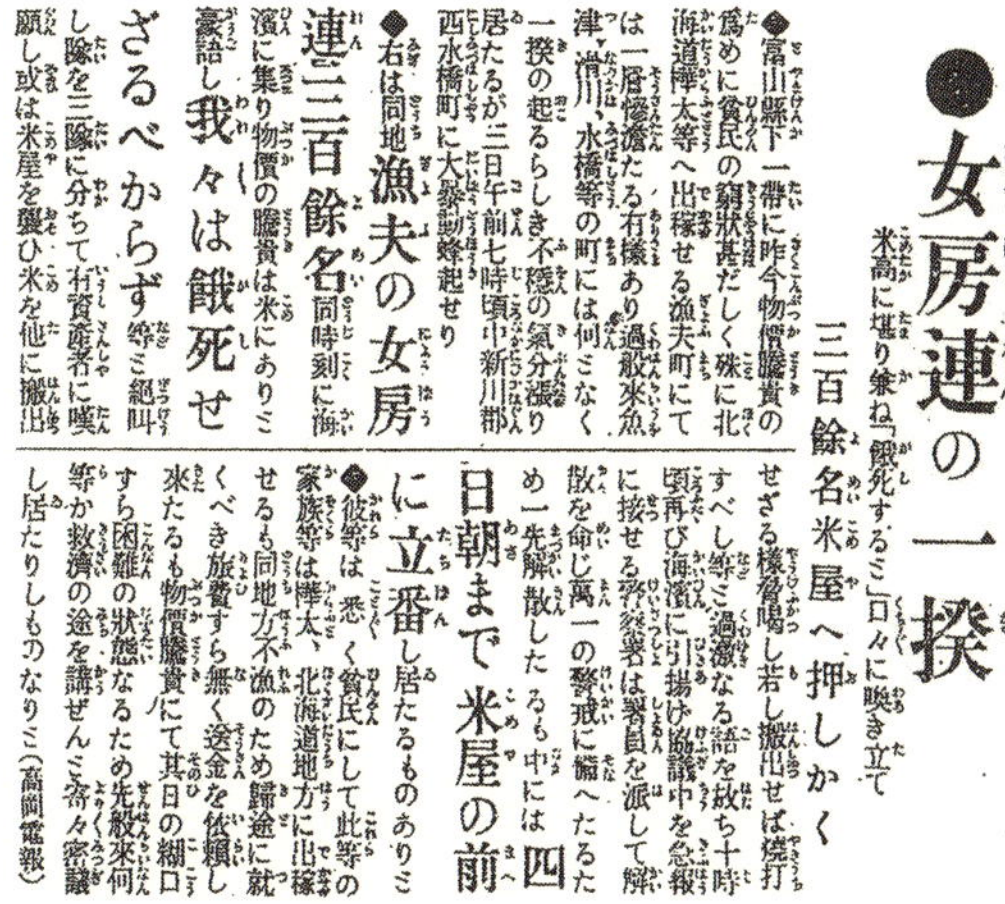

●女房連《にようばうれん》の一揆《き》
米高に堪り兼ね「餓死するこ」口々に喚き立て
三百餘名米屋へ押しかく

◆富山縣下一帯に昨今物價騰貴の爲めに貧民の窮状甚だしく殊に北海道樺太等へ出稼せる漁夫町にては一層慘憺たる有様あり過般來魚津、滑川、水橋等の町には何こなく一揆の起るらしき不穩の氣分漲り居たるが三日午前七時頃中新川郡西水橋町に大騒動蜂起せり

◆右は同地漁夫の女房連三百餘名同時刻に海濱に集り物價の騰貴は米にありこ豪語し我々は餓死せざるべからず等こ絶叫し隊を三隊に分ちて有資産者に嘆願し或は米屋を襲ひ米を他に搬出せざる様脅喝し若し搬出せば燒打すべし等こ過激なる語を放ち十時頃再び海濱に引揚げ協議中を急報に接せる警察署は署員を派して解散を命じ萬一の警戒に備へたるため一先解散したるも中には四日朝まで米屋の前に立番し居たるものありこ

◆彼等は悉く貧民にして此等の家族等は樺太、北海道地方に出稼せるも同地方不漁のため歸途に就くべき旅費すら無く送金を依頼し來たるも物價騰貴にて其日の糊口すら困難の状態なるため先般來何等か救濟の途を講ぜんこ寄々密議し居たりしものなりこ（高岡電報）

女房連の一揆『大阪朝日新聞』1918（大正７）年８月５日
（『米騒動とジャーナリズム』p.241）

之を聴容《ききい》れざれば家を焼払い一家を鏖殺《おうさつ》せんと脅迫して、事態穏やかならず〉（一九一八年八月四日付の紙面）

米騒動であった。『高岡新報』の記事を受けて、『大阪朝日新聞』と『大阪毎日新聞』が報じたことで全国に発信された。〈女房連の一揆　米高に堪《たま》り兼ね「餓死《がし》すると」口々に喚《わめ》き立て　三百余名米屋に押しかく〉（八月五日付の『大阪朝日新聞』）〈女一揆起る　怖《おそ》しい米価騰貴の影響〉（同日付の『大阪毎日新聞』）

漁業で生計を営む男たちはサハリン方面に出稼ぎに行ったが、不漁で富山に帰る費用にも困っていた。留守宅は米価の高騰で悲惨な目に遭った。そこで家族がまとまり、〈女一揆〉に発展した。立命館大学名誉教授で歴史学者の岩井忠熊さんは、次のように解説する。

日本は第一次大戦に参戦しましたが、国内での被害はありません。大半の欧州諸国が経済力を消耗している間に、日本経済は空前の好景気と産業の発展を遂げました。輸出はもちろん、重化学工業などは一五倍にも膨れあがったといわれ、戦争はたくさんの成金を生みました。しかし物価の騰貴はすさまじく、穀物や米価の高値は全国的な米騒動をまねきます。経済の好況の陰で、多くの人が困窮に追いやられていたのです（『毎日新聞』（大阪）連載「平和をたずねて」の「反復された戦争」五四回）。

米騒動の制圧には警察だけでなく、軍隊も動員された。〈在阪部隊　全部出動す　歩、騎、砲、輜重《しちょう》の諸隊　全市の大警戒に任ず〉〈竹槍を擁して軍隊に肉薄すれば軍隊は発砲して之に突撃を試み〉（『大阪毎日新聞』八月一四日付の号外）

寺内内閣は、報道規制に乗り出す。『高岡新報』（七日付）の発禁処分に続いて八月一四日、内相の水野錬太郎が米騒動の一切の報道を禁止した。その経緯は『米騒動とジャーナリズム』（金澤敏子氏ら四人の共著）に詳しく、こう解説している。

シベリア出兵の情報は、米価騰貴に拍車をかけ、米の買い占めが始まる。大正初期は藩閥政府の批判や護憲運動に対し、言論弾圧を積極的に進めていた寺内内閣は、七月三〇日、シベリア出兵記事の一切の差し止めを行い、東京紙六、地方紙五六が一斉に発禁処分となった。『大阪朝日新聞』も七月三〇日付け朝刊、七月三一日付け夕刊が発禁となった。（中略）水野内務大臣の説明は、もってまわった言い方で治安維持の上からやむを得ず、しばらく掲載禁止にするとしているが、前述したようにシベリア出兵についても掲載禁止を指示したことがあり、新聞に対する弾圧が目立つ寺内内閣だった。（中略）全国各地の新聞はこの記事差止に激しく反発した。これまでも政府批判の先頭を走っていた『大阪朝日新聞』は八月一六日付け社説で「極端なる記事差止」と題し、このような内閣もまた治安の妨害になる抗議した（三二〇―三三一頁）。

寺内正毅は韓国併合後に初代朝鮮総督に就いてから、武断統治に終始している。その手法は「弾圧」にほかならない。外征型の常備軍をつくった元老の山県有朋に後押しされた寺内も軍人で、陸相を経て首相になった。

寺内はマスコミ人の間で「ビリケン」と呼ばれた。今井清一著『日本の歴史23』によれば〈寺内の顔つきが、そのころ輸入された幸福の神であるビリケンに似ていたのと、その音が「非立憲」に通ずるのとで、だれいうとなく流行したのである〉という（一八四頁）。「非立憲」（ビリケン）とは、まさに言い得て妙だった。

寺内は〈朝鮮総督になると新聞を圧迫し、その反感をかっていた〉といい、前書によると『大阪朝日新聞』（鳥居素川《そせん》・編集局長）は〈軍閥政治の到来を国民に警告したのをはじめ、寺内内閣の軍国主義政策にはげしい攻撃を加えた〉。鳥居素川は寺内の「非立憲」的な政治手法を、ジャーナリストとして看過できなかったのである。

シベリア出兵に一貫して強く反対したのは鳥居素川の率いる大阪朝日だった。「出兵を無謀とす。試みにその結果の如何なるかを思え、露の面積と人口と、われの富力と兵備と、ないし英米その他との国際関係は、われをして悚然《しょうぜん》たらしむるものあり」と堂々たる論陣を張った。出兵が目前に迫っても「有力なる理由および目的を明示し得ず、国民は一歩一歩危地に誘惑されつつあり……願わくは国民を欺くなかれ」と力説した（鈴木健二著『戦争と新聞』、八一頁）。

新聞人は「ビリケン」による、シベリア出兵や米騒動の言論封殺に抗議して立ち上がった。大阪のホテルで一九一八年八月一七日に開かれた「近畿新聞社通信社大会」には、大阪を中心に各府県から五三社、一三三人が参加した。決議は〈寺内内閣の非違を弾劾し、その引責辞職を期し、憲法の神聖、言論報道の自由を擁護せんとす〉であった。

さらに八月二五日、再び大阪で「関西記者大会」が開かれ全国から八六社の代表が集まった。『大阪朝日新聞』は二六日の夕刊で〈寺内内閣の暴政を責め　猛然として弾劾を決議した　関西記者大会の痛切なる攻撃演説〉の見出しで報じた。
ところが記事中に〈白虹《はっこう》日を貫けり〉とあったことから、大阪府警察部新聞検閲係は記者二人を新聞紙法の「朝憲紊乱《ちょうけんびんらん》罪」（天皇制国家の基本法を乱す罪）に当たるとして、大阪区裁判所に告発する。作家で戦時史研究家の山中恒さんは、かつてインタビューした折に次のように解説してくれた。

この言葉は、秦の始皇帝の暗殺を企てたという故事成語で、「白虹」は「兵」を暗示し、「日」は「始皇帝」つまり「君」です。「革命や内乱の兆し」ということですが、書いた記者にそうした意図はなかったはずです。しかし常々、大阪朝日の論調を苦々しく思っていた寺内首相は、新聞社の取りつぶしを検事局に命じた（『わたしの〈平和と戦争〉』、一六六―一六七頁）。

そこで『朝日新聞社史　大正・昭和戦前編』をひもとくと、『大阪朝日新聞』（略称・大朝）に関して、次の記述がみられる。

朝日における反寺内の急先鋒は大朝の鳥居素川で、素川の大朝は寺内にとっては「一大敵国」となっていた。寺内の意をうけて内相後藤新平は、折あらば大朝に峻烈《しゅんれつ》な弾圧を加えようと、かねて林大阪府知事に内命、検察、警察を督励して監視の目を光らせていた。またその一方では、右翼団体に雑誌『新時代』を発行させ、もっぱら朝日に攻撃を集中した。(中略)公判は開廷と同時に傍聴禁止となったため、状況を知るのが困難だった。休憩にはいって法廷記者がようやく得た第一報は、立会検事が冒頭に「本件について検事は朝日新聞の発行禁止を論告する考えである。武士の情でこれだけのことを予告しておく」と明言した。発行禁止は新聞にとって、いわば死刑の宣告であり、深刻な衝撃だった(九七―九八頁)。

検事の論告求刑は予告通りで、二人の記者に禁固六月、新聞の発行禁止処分を要求した。前掲の『朝日新聞社史』によると、朝日の弁護陣は「この記事は、寺内内閣の暴政に警告を発し、それを改めさせようとしてものにほかならず、単に『白虹日を貫けり』の一句をもって治安を妨害するものとするのは、無理なこじつけである」と、無罪論を展開した。そのうえで社史は、次のように率直に記している。

公判の開始とともに右翼団体の文書攻撃、中傷的な宣伝が急増した。(中略)大朝がかつて経験したこともない危機におかれているとき、政府の弾圧や暴力にはたじろぐことのなかった村山(龍平社長)も、朝日が国体や皇室の尊厳を無視するものであるかのように批判され、「不敬」よばわりされては、動揺せざるをえなかった(九九―一〇一頁)。

結局、記者ら二人は処断され、編集局長の鳥居素川は退社に追いこまれたが、村山社長が辞任することで廃刊は免れた。山中恒さんは著書『新聞は戦争を美化せよ！』に〈この事件はまさに寺内正毅の私憤をはらすために、仕組まれた陰謀であった。しかし、どれほどでたらめな牽強付会《けんきょうふかい》の判決であろうと、前面に朝憲紊乱を持ち出されると、これには涙を呑んで従わざるを得なかった〉（四八頁）と書き留めている。

シベリア出兵の最中に起きた、権力による「白虹貫日事件」であった。

日米合意を侵害した派兵

日本列島が米騒動に揺れていた一九一八年八月二日、日本軍はシベリアに向けて出発した。このとき軍隊には別の動きもみられた。米騒動の鎮圧に当たる部隊がいたのだ。治安出動の総兵力は、延べ約六万ともいわれる。原暉之著『シベリア出兵』から引きたい。

米騒動は近代日本史上未曾有《みぞう》の民衆運動になったのであるが、それとシベリア出兵との関連性は密接である。このことは出兵の決定が米価高騰を誘発し、運動の直接的契機をなしたという事実にとどまらない。いっそうの注意が払われてよいのは、出兵がまさに開始された時点で同じ軍隊の他の一部が民衆運動の鎮圧に出動し、生活難ゆえに決起した無辜《むこ》の民衆に血の弾圧を浴びせた事実である。（中略）この大規模な治安出動は民衆の軍隊観を大きく揺るがすともに、他方では兵士の士気にも影響を与えずにはおかなかった。（中略）軍隊に対する民衆の反感と違和感を高めた。（中略）出征兵士を見送る光景にも変化がはっきりと現れた。人びとは今や冷淡であり、兵士は自分自身が万歳を唱えることで、出征する我が身を励まさねばならなかった（三九〇―三九一頁）。

最初にウラジオストク入りしたのは第一二師団（小倉）だった。貧困の家族を案じる兵士もいたようで、前書によると憲兵報告に〈第十二師団でも「家庭貧困等ノ為メ入隊ヲ窃《ひそか》ニ憂慮スルモノ若干アリ」〉とあった。応召を拒否する道を選んだ者もみられたかもしれない。そのような状況下でシベリア出兵は強行されたのである。

シベリアに目を転じると、すでに陸軍は現地で動いていた。ロシア国内の反革命派を支援して、沿海州、アムール州、ザバイカル州の極東三州に独立した親日派の傀儡《かいらい》政権を樹立する計画を本格化させたのである。

陸軍が特務機関を通じて支援する反革命派のセミョーノフ軍は、四月にザバイカル州に攻め入った。だが、革命派のボリシェビキ軍に撃退されて七月下旬、中国東北部の満州里に押し戻された。このとき長春の領事から「満州里の日本人居留民がハイラル方面に逃避している」との報告があがってきた。ロシア国境に近い満州里への出兵を、ザバイカル侵攻の突破口にしたい陸軍は、好機到来とばかりに動いた。

陸軍は八月九日、北京の段祺瑞《きずい》政権に同意を取りつけたうえで、締結済みの日中共同防敵軍事協定に基づいて満州里への出兵に踏み切る。満州里を「拡大出兵」の根拠地にする計略だった。

参謀次長の田中義一は増派に向けて猛進し、原敬が批判した「陸軍外交」を進めた。段祺瑞の要請に応じて、非公式ルートで資金援助もしている。今井清一著『日本の歴史23』によれば〈いったん出兵がはじまると、参謀本部は事態が急迫しているとの理由で独断で増兵をすすめた。アメリカとも協議しなかったし、統帥権の独立を楯に外交調査会にも諮問しなかった〉（一八二頁）のである。

シベリア出兵宣言から三カ月後の派兵数は、ウラジオストクからの上陸部隊と満州里から国境を越えた部隊をあわせて、戦闘員は四万四七〇〇、非戦闘員は二万七七〇〇の計七万二四〇〇にのぼる。米国との間で取り決めた一万二〇〇〇に比して六倍以上であり、日米合意を侵害する派兵だった。

原敬首相と田中義一陸相のシベリア政策

シベリアの陸軍が要地に侵攻していた頃、国内では政権の交替があった。米騒動やシベリア出兵の言論弾圧への反発が強まり一九一八（大正七）年九月、寺内正毅内閣は退陣に追い込まれた。寺内の後見人だった元老の山県有朋は、シベリア出兵に指導力を発揮できなかったとして見限り、参謀次長の田中義一にしても長州閥の先輩軍人に厳しかった。

田中は寺内内閣の出兵政策自体への不満と同時に、米騒動への対応からして寺内内閣の政治的指導力が低下しているとの見方を強めていた。そこでは、国内政治の内乱と、対米関係の悪化という内外にわたる政治的行詰りを鮮明にしていた寺内内閣への支持が、逆に陸軍自体の行動を制約する結果になると見なしていたのである（纐纈厚著『田中義一』、二二四頁）。

後継の首相を選ぶに当たり、天皇から下問をうけた元老らは、元首相で元老の西園寺公望による組閣を上奏した。軍部の大御所であり元老の山県有朋の意向だったが、歴史学者の岩井忠熊さんはこう解説する。

天皇に拝謁した西園寺公望は、いきなり〈覚書様の御書付《おかきつけ》〉で組閣を命じられます。〈御書付〉は天皇のメモであり、下付すべきものではありません。しかも、山県の筆跡だったので、大命降下を仕組んだとみて、西園寺は山県をなじりました。山県は「多少手違いありし様」などと言って笑いにまぎらし、なおも西園寺を口説くのです。山県は政党を嫌っていたので、政友会総裁の原敬を排除したかったのでしょう。しかし西園寺が「原にていかが」と提案したとき、山県は「それも一案なり」と応じました。西園寺は閥族官僚内閣では、民衆を刺激すると考えたのです（「反復された戦争」五九回）。

日本で最初の政党内閣が成立した。その原敬内閣で、加藤友三郎の海相留任はともかく、いささか驚くのは、シベリア出兵で対立した田中義一を陸相に選んだことだろう。この点について、伊藤之雄著『原敬（下）』は〈参謀次長という陸相目前の地位にあり、山県のお気に入りの田中と、互いに悪くない関係にしておこうという意味合いがあった〉（二八六頁）として、原の胸中を推断している。

一方、田中にしても陸相に就くメリットを考えたようで、原との事前の話し合いで同調の姿勢をみせている。〈原にとって、田中のシベリア出兵について過去半年の言動よりも、この日に田中が原に従う姿勢を示したことのほうが重要であった〉と、前書は記している。

権力を前にして、原と田中は互いに利用価値を認め合った、ということだろう。いずれにせよ、この両人がシベリア出兵のかじ取りになる。

原内閣は国民の期待と支持を得て発足した。松本健一著『原敬の大正』は、このとき原が記者に語った文言を〈大歓迎を受けて、ありがたいわけだが、余り吾輩に期待すると失望するぜ〉と紹介している。

シベリア政策を念頭においたのか、政治的リアリストらしい発言であった。

状況が読めずに迷走する日本政府

極東ロシアに「拡大出兵」した日本軍は、シベリア東部に親日の独立自治政府（傀儡政権）を樹立すべく、反革命派のセミョーノフ軍などを武力支援してきた。だが主導権争いから、黒海艦隊の元司令長官（海軍中将）コルチャークが将校たちに担がれて「全ロシア臨時政府」の最高執政官に就いた。シベリア鉄道の主要駅オムスクを拠点にしたので「オムスク政権」とも呼ばれる。

原敬内閣は一九一九年五月、コルチャーク政権の支援を閣議決定した。その勢いを買ったのである。セミョーノフ軍を支持していた陸軍参謀本部は反発するが、陸相となった田中義一が「コルチャークの穏健派をたすけて、過激派を討伐する」と説得して抑えこんだ。

日本政府は各国に先駆けてオムスクのコルチャーク政権を承認したうえで、五月一六日には米・英・仏・伊の四カ国に同調するように働きかけた。しかし英国がコルチャーク軍の形勢に懸念を示したこともあり、列強四カ国は日本の提案に同意しなかった。

結局、日本は単独でコルチャーク政権を承認することにし、原首相の友人で知られた加藤恒忠を特命全権大使として派遣する。加藤は正岡子規の叔父にあたり、号は拓川だった。彼がオムスクに到着したのは一〇月一三日のことである。

オムスクの停車場には、駐在外交官や米内光政海軍中佐（のち首相）ら陸海軍特務機関の将官たちが出迎えていた。拓川は四日後、十月十七日に、「オムスク政府」最高執政官コルチャックと会見し、親任状を提出した。しかし、オムスクはこのときすでに、革命軍からの攻撃によって陥落寸前の状態であった。そのため、拓川の「日記」によれば、かれは停車場にある列車の車両を「大使館」にしなければならなかった（松本健一著『原敬の大正』、四五〇―四五一頁）。

なんと「加藤シベリア大使」は列車の車両を「大使館」の代わりにするという有り様だった。厳寒の冬は窓を閉め切るので、車中はタバコの煙で充満したという。日本政府の情報収集力の乏しさを物語るエピソードである。

コルチャーク政権の苦境は明らかで、すぐに二個師団の援軍を要請される。田中陸相は応えようと動くが、財政的な理由などから閣議で拒否された。陸軍参謀本部も革命軍の侵攻に備えるという理由で、現地軍の一〇倍増強を要請したが、やはり却下される。田中はコルチャークの新たな要請を受けると、それでも六〇〇〇人の増派を閣議に諮る。

では、原首相はどうだったのか――。『原敬日記』（一九一九年一一月二一日）に次の記述がみられる。

余は先日来、田中より増兵、不得已《やむをえず》と云《い》ふを聞き、其《その》際にも米国を引入れずしては不得策なりと云いたる事あり。余は今日に於《おい》ては此《この》問題は頗《すこぶ》る重大にて、而《しこう》して急速決定を要する問題なり。又最初同地への出兵は日米共同の上の事なりしが故に（我単独に大兵を出したるは米国の感情を害するに至れり）、先以《まずもっ》て現情を告げて共同動作を米国に求め、米国に於て共同するならば増兵固《もと》より可なるも、否らざる場合には撤兵するか、独力西伯利《シベリア》を維持するか決せざるべからず。此時には元老等の意見も聞かざるべからず、国家真に重大事なるにより先ず右様になすべしと云い、閣僚夫《そ》れに決し、外務省に於で至急交渉案を起草する事となせり。

原首相の指示を受けて駐米大使の幣原喜重郎は、米国務長官に増兵を打診したが、アメリカは日本の「増援兵」に同意するつもりはなかった。それもそのはずで、このときコルチャークは反革命政府の首都をオムスクから東方のイルクーツクに移していた。八〇万を擁したコルチャーク軍はわずか二万になっており、これはコルチャーク軍の事実上の崩壊である。

原内閣のシベリア政策が、見通しを誤ったのは明らかだった。

第四章　日本兵の懊悩《おうのう》――本当の敵は誰なのか

シベリアに「社会主義中尉」

陸軍第五師団（広島）がシベリアのザバイカル州に入ったのは、一九一九年の夏だった。イワノフカ村の焼き討ち事件を惹起した「田中大隊の全滅」から半年後のことである。

この第五師団野砲兵第五五連隊に、山口県萩市出身の長山直厚中尉がいた。陸軍士官学校の二五期生で、同郷の田中義一陸相より二三歳若い三二歳だった。ところがシベリア出兵後、わずか五カ月たらずで停職させられる。

陸軍の階級は大きくわけて将校（士官）、下士官、兵の三種類に区分されていた。陸軍中尉は将校にあたり、第一線の中隊長クラスということになる。それだけに長山中尉はなぜ突然、職を解かれたのか――といった疑問がわくのも当然だろう。土井全二郎著『西伯利亜《シベリア》出兵物語』に〈出征中、「思想の変化をきたし」「不穏な言動が著しいので」陸軍を追われ、「社会主義中尉」と呼ばれた〉（一三〇頁）とある。

長山中尉の停職は、社会主義思想に傾倒したことが原因とみられる。土井氏は〈なぜ、現役ばりばりの中尉の頭がそんなふうに左急旋回したのか。それを物語る資料は見あたらない〉として、当時の『萬《よろず》朝報』（一九二二年六月五日）に載った記事に着目している。『新聞集録大正史　第十巻』は〈青年将校の赤化を企てた　長山予備中尉　遂に位階勲等を褫奪《ちだつ》さる〉の見出しに続いて、次の記事を再録している。

予備陸軍砲兵中尉従七位勲六等長山直厚が、六日の官報を以て宮内省から、位記の返上を命じられると共に、勲六等単光旭日章を褫奪された。その理由は勿論、軍人としての体面を汚した事によるものだが、それをもっと深く探聞する所によると、長山中尉は社会主義者と認められた為であると判った。

事実は今春二月、麹町の社会主義総同盟会に於て、社会主義者の演説会があった。その時、長山中尉は、軍隊内部に於ける事情に精通して居る関係から、宣伝するには先ず青年将校から鼓舞しなければ駄目だ——と種々過激な宣伝方法を教えた。これを聞いた麹町憲兵隊では直ちに活動を開始し、立派な事実を挙げて遂に宮内省に報告した。その結果が今度の褫奪処分となったのである。憲兵隊ではそれ以来、厳重に監視して居るそうである（二〇三頁）。

長山中尉はシベリアに出兵後、停職処分を受けるまでの五カ月間に、少なくとも二回の実戦に従軍している。抗日パルチザンとの戦闘だった。ゲリラ戦を続ける革命支持派のパルチザンに長山中尉が戸惑ったのは想像に難くない。同じロシア人だから抗日パルチザンとの区別がつかず、人種や服装に差異がないことから、「敵」と間違えられた「良民」が「虐殺」されることもあったようだ。長山中尉は、そうした悲惨な場面に遭遇したのではなかろうか。

当時、東大教授として「民本主義」を説いていた吉野作造は、言論活動の舞台のひとつだった総合雑誌『中央公論』（一九二二年五月号）の「時論」に、シベリアに出征中の親しい友人の将校から届いた手紙を掲載した。真面目な青年将校が出征と駐兵とをいかに感じていたか、そのことを知るうえで適切だとして、吉野は〈ここにその大要を摘録する〉と述べる。吉野がつけたタイトルは「青年将校の観たるシベリア出征軍の実状」だった。第一信から第四信の骨子を現代語表記にして紹介したい。

士気の沈淪《ちんりん》と軍記の弛緩とは、軍隊にとっては最も憂うべき事実だ。その原因のいずれにあれ、いったんこの病弊にとりつかれると、これは戦争終了の後までも長く継続するものである。ことに欠陥にみちみちている、我が国今日の軍隊のごときにおいては、然りとせざるを得ない。

およそ相手のない戦争ほどやりくいものはない。シベリアにおけるが、まさにすなわちそれだ。過激派が相手だ、馬賊が敵だと口にはいうものの、過激派や馬賊だとて、鼻が二つあり目が三つあったりするわけではない。日清や日露の戦争のときのように、支那人やロシア人を皆敵人と見ていいのとは訳がちがう。普通の支那人やロシア人は、良民としてこれを保護してやらねばならぬのだ。しかしてこれと同じ顔、同じ装《なり》の馬賊やパルチザンだけを敵として攻めようというのだから、はなはだやりにくい。ましてかの国情にも通ぜず、言葉もわからない下級の兵卒などにありて、良民と馬賊パルチザンとを見分け得ないのは、当然の話である。

それればかりではない。彼らは平常は良民をよそうているが、こちらが少数でくみやすしと見ると、すぐ武装して不意打ちに出ずる。ゆえにいくら油断せず、抜け目なく警戒していても、時々とんでもない大損害を与えられる。

しかるに驚くべきは、こんな苦い経験を繰り返し、繰り返しなめているにかかわらず、最高幹部が毫《ごう》もその過誤をさとらぬことである。彼らは口癖のようにいう、敵にやられたからとてやめては国軍の名誉に関すると。ばかばかしい。馬賊やパルチザンに勝ったって何が名誉か、我々の眉に唾して聞かねばならぬことは、いわゆる国軍の名誉なる言葉である。軍の名誉とは、おうおう個人的野心の変名であることを看過してはならぬ。なにをやっても、命をすてるのは下級の兵卒だ。しかして功は、上長官たる自分がおさめる。そこで何かひと手柄したいというので、勝手な理屈を探し求め、かくして無益な討伐が行われるということもあるのである。一将功成り万骨枯るとは、シベリア出兵において特に痛切に感じられる（一三三—一四九頁）。

シベリアに出兵中の青年将校が吉野教授に宛てた書簡は、戦場の実態を告発している。

こんな戦争があってよいのか、本当の敵は誰なのか――。
良民が虐殺されるたびに、長山中尉は苦悶したに相違ない。原暉之著『シベリア出兵』によると、派遣軍司令部と各師団司令部はそれぞれ手冊を作製して兵士に携帯させた。この「兵士の心得」にみられる日本軍の任務に「過激派及び独墺俘虜軍を追い払って、その地方の良民を救い」がある。この手冊について、原氏は同書で厳しく指摘している。

だが一体、敵＝「過激派」と味方＝「一般ノ露西亜人」＝「良民」とをいかにして識別するのか、そもそも「独墺俘虜軍」など見当たらないではないか、といった当然生まれる素朴な疑問には何ひとつ答えていない。こうしたことを背景においてみれば、次のような最前線におけるやや滑稽な現象は大いにありそうな話と思われる。第五回極東ソビエト大会に浦潮《ウラジオ》から駆けつけた一水兵の目撃談によると、ウスリー鉄道沿いにシマノフカまで前進した日本軍先頭部隊は「ドイツ人、マジャール人と戦うべきところ、ロシア人しかいないといわれて引き返し」、その後ふたたび前線に送り出される一幕があったというのである。

一般にどんな戦争でも、高い士気と厳正な軍記が保たれるためには、兵士自身の主体的な戦闘意欲、それを可能にする明確な戦争目的が不可欠であり、上からの強制力だけでは不十分である。ところがこの戦争において日本軍の掲げる目的はまったく不明確であり、兵士を奮起させるところが少ない。当然、士気の低調と軍紀の弛緩が目立った現象となる（四二〇―四二一頁)。

その後の長山中尉は前掲の『西伯利亜出兵物語』によれば——民間人として再度シベリアに渡って日本軍相手に反戦活動を行い、国内では社会主義運動に奔走するなど、日本の近代労働運動の創世記を駆け抜けた。コメ騒動以降、高揚する労働運動に対し政府は高圧的姿勢で臨んでいたため、当局の圧迫を受けて暗く落ち込みがちな雰囲気のなか、運動仲間から「中尉さん」「軍人さん」との愛称で呼ばれ続けていた(一四八頁)。ここに「社会主義中尉」の異名を持つ長山直厚の人柄を知ることができよう。

こうした「社会主義中尉」の登場に見られるように、兵士の間に広がる「新しい社会思想」を「危険思想」とみた政府と軍部はいらだった。兵士の多くが革命運動の地に駐屯しており、彼らの「赤化」を恐れたのである。

しかし、見方を変えれば、兵士にとって「シベリア出兵戦争」はそれほど理不尽であった、ということもできる。

人間ゆえに前線兵士たちの悲痛

夏の終わりともなると、シベリアは氷点下の朝を迎える。九月に雪が降ることも珍しくない。陸軍の第七師団(旭川)が東シベリアのザバイカル州に入ったのは、一九一八年九月上旬だった。

陸軍では師団が最大の戦略単位で、一万から二万の兵力を有していた。四個の歩兵連隊が所属しており、いわば師団は歩兵部隊といえる。当時、近衛師団を含めて二一個師団があった。第七師団は日露戦争で、ロシアから譲渡された中国東北部の〈満州守備〉にあたっていた。このため参謀本部は、第七師団が満州から離れることに迷いがあった。だが第三師団（名古屋）の編成が遅れたことから第七師団に動員命令を下し、満州里から国境を越えてシベリア入りさせた。

第七師団については、保阪正康著『最強師団の宿命』によると、寒冷地で訓練を積んでおり、軍中央の作戦参謀にとって「使い易い」師団であったようだ。厳寒の東部シベリアへ動員された第七師団は、ボリシェビキ軍と抗戦を続けるチェコ軍やセミョーノフ軍（反ボリシェビキ）を支援して、満州各地からシベリア東部の主要地域までを占領している（一〇五頁）。

氷点下の寒気にさらされ、凍傷にかかる兵士も多くいた。また、労働者や農民による非正規軍の武装集団パルチザンは、日本軍の駐留に反対してゲリラ戦を挑んだ。伊藤正徳著『軍閥興亡史2』は〈見失った本来の敵〉の項で、次のように書いている。

日清、日露の両役において、わが陸軍は凍傷に関する体験を積んだはずであり、事実、それ専門の軍医も養成されて、相当の自信は持っていたのだが、零下三、四十度という西伯利《シベリア》の厳寒は、ロシア人でなければ堪えられなかった。八年（大正）一月～四月の冬においては、兵の二十パーセントが凍傷に罹った（中略）。

くわうるに西伯利はロシア人が住むロシアの領土だ。最初は過激派を恐れた住民が連合軍を歓迎したが、過激派の宣伝がだんだん浸透するにつれ、それが権威ある祖国新政治の中心機関であることがわかって見れば、一般には、外国よりも同国人の方が好ましいのは当然であるから、だんだんと連合軍を敵視するように変わってしまった。かくて広漠なる地域を、敵愾《がい》心を有する人民の中で守備するという最悪の作戦条件に追い込まれることになった（九〇―九一頁）。

労働者や農民による非正規軍の武装集団パルチザンは、日本軍の駐留に反対してゲリラ戦を挑んだ。兵士たちに死傷者が相次ぐようになると、日本軍は仇討ちの弔い戦争を挑むようになる。前線兵士は突撃を命じられた。

ウラジオ派遣軍の陸軍第一二師団歩兵第一四連隊に所属した松尾勝造上等兵の体験はすさまじかった。第二章でも紹介した松尾上等兵の『シベリア出征日記』から引きたい。

家の中より物陰より盛んに発砲して来るが、その時はもう身の危険等《など》との考へは微塵《みじん》も起らない。一昨日の恨み、戦死者の弔合戦だと身の疲労等とうに忘れてしまい、脱兎《だっと》の如くに攻入った。その勇敢さは、敵方より見た時は如何に恐しく見えたことであろう。硝子を打割り、扉を破り、家に侵入、敵か土民かの見境はつかぬ。手当り次第撃ち殺す、突刺すの阿修羅となった。前もって女子供、土民を害すなと注意されてはいたものの、敵にして正規兵は極く少数、多くは土民に武器をもたしたもの、武器をすてれば土民に早変りという有様にて、兵か土民かの見分けの付こうはずがない。片っ端から殺して行く。敵の兵力は一千と聞いた。逃げたとしてもまだ何処かに潜んでいようと、一軒毎家探しをしたところ、作物を貯蔵している地下室に兵か、土民か、折重なり息を殺して隠れている。奥の方は暗くて何人いるか判らない。一発ポーンと放っておいて、「イチシュダー」（こっちへこい）と怒鳴ると、銃や剣はすててまづ両手を挙げて、次に手を合せ拝みながら上って来る奴を戸外に連れ出し、撃つ、突く等して死骸の山。かかる時、正規兵は橇《そり》や馬に乗って一番に逃げ、あとは土民兵に抗戦させるのが習い（二〇一―二〇二頁）。

松尾上等兵は、殺された妻が泣き叫ぶ声を耳にし、やがて馬が走り、女性が髪を振り乱して逃げる様を目にする。〈悲惨な光景これ以上はあるまい。しかし恨みをのんで戦死傷した我将卒の仇に報いるにはこれが当然だと思った〉。戦場の習わしだと言い聞かせるのだが、やがて自省の念に駆られる。日記には、次のように書いている。

しかし時の過ぎるにつれて、お互元の人間の心に返って行った。思えば惨《むご》いことをしたものだ。俺が手に掛けたもの幾人か。嗚呼、可哀相に。妻や子もいよう、親兄弟もあるかも知れないという同情心の後には、したことに恐怖心が湧いて来る（二〇三頁）。


松尾上等兵の日記は、シベリア戦争における前線兵士の懊悩を伝えている。

また陸軍一等兵（第一四師団歩兵第二連隊）だった桜井菊三郎さんは、毎日新聞社『一億人の昭和史　日本の戦史1』に、家族に宛てた一文を〈寒き風は　いやになり候〉（大正九年八月三一日）と題して寄せた。シベリアの最前線に派兵された兵士の脳裡から、家族のことが離れなかったにちがいない。


拝復　再々の御手紙に接し有難く御礼申上候《そうろう》。御尊家様にも御壮健の由なれ共、御老婆様御死去遊ばされし後は何となく心淋しく居り存じ候。小生には幸い無事日日の勤務に精励致し居り候間、ご休神下れ度候。斯く申述べて凱旋《がいせん》期も延期の予定に思われ申候。

師団長閣下が浦汐に行きて凱旋の打合わせに行かれたとかの事にて、来て見れば当師団は哈府《ハバロフスク》付近に冬営するとの話にて、来春が来なければ凱旋する事は出来ざるかと思い居り候。

また此の西比利亜の寒き風に合って、寒さを越すのは実にいやになり候。冬になれば無論戦争が起るし（パルチザン）討伐にも出掛けるし、何としても心細く思う。然し考えても命令には矢無《やむ》を得ません。皆之も国家の為めと思いて、充分に尽くさねばならんと考え居り候。

> 目下はパルチザンは哈府に入り込みて、時々我歩哨に射撃を与えられ候。休戦とは云え油断は出来ず候。之我々が守備せし（イン）（ビラ）等々には多大なる兵力と砲や機関銃を有し居るとの情報も之有り候。此の冬を越すには、きっと戦争は起こります。哈府浦汐《ウラジオ》間には冬地に我軍守備改めせしも電柱を切断し電線を切断される事数回に及ぶ。
> 次に浦汐に新政府建立の結果、休戦となりて今迄露貨の旧紙幣は着々廃しされ、新たに出来し貨幣に候えば、二三御送付し候えば、御高取の程願い上げ候（後略）（二六〇頁）。

哀切にあふれた兵士の個人史は、過酷な戦場をリアルに伝えているだけでなく、人間としての一面を垣間見せてやまない。生身の人間が戦場に投入されていることをあらためて認識させられ、その行間から「戦争の罪」を読み取ることができる。

シベリアから「強制送還」された兵士

首相の原敬が、陸軍参謀本部第三部長の星野庄三郎から、シベリアの視察報告を受けたのは、一九一八年一一月二日のことである。星野が命じられたのは、東部シベリアに派兵した兵士がどれだけ「危険思想」に感染しているかの実態調査だった。

星野は「危険思想」に染まりやすいのが、現役兵ではなく予備兵や後備兵だと報告する。そのうえで原首相に、〈動員解除を早急に実施〉してほしいと進言した。この日の『原敬日記』

に次の記述がある。

家族などある我が予備兵は、かなり帰国せしむるを要すと云いたるは、過激派旺盛なりし地に居住する我人民は過激派に感染したる者ありて、我守備兵に之を説くのおそれあり。また米兵などと我兵の支給は、彼は一日二円を受け、我らは何銭と云うに過ぎざれば、甚だ危険のものなりと云えり。

ここに「予備兵」と出てくるので、戦前の徴兵制を簡単に整理しておきたい。
明治維新の指導者たちは一八七一（明治四）年二月に、政府直轄の軍隊として鎮台を設置する。鎮台は要所の治安維持を目的にしており、まず東京、大阪、鎮西（九州）、東北に置いた。こうして全国の兵制統一（常備軍）を視野に入れ、一一月には「徴兵告諭」を布告した。概略（口語訳）は次の通りである。

わが国の古代の制では、国をあげて皆兵士となる定めであった。（中略）およそ天地の間にあるものでひとつとして税のかからないものはない。その税を国費にあてる。したがって、人間たるものは全能力をささげて国に報いるべきである。西洋人はこれを血税とよぶ。その生血で国に報いるという意味である。（中略）西欧諸国は数百年来、研究・実践して兵制を定めてきた。(中略) だから今、西洋の長所を取り入れて古来の軍制を補い、海陸二軍を備え、全国の国民で男子二〇歳なった者はすべて兵籍に編入し、国家の危急に備えなければならない(山川出版社『詳説　日本史史料集』、二四六頁)。

軍隊を維持するための税を求めたのは、翌年に布告される「地租改正」を念頭においたとみられる。ともあれ「徴兵告諭」を周知させてから、明治政府は二後の一九七三年一月に徴兵令を布告し、初めて兵役制度を導入した。

徴兵令によると、男子は二〇歳になると徴兵検査を受け、合格者は抽選により三年間、常備軍に服役しなければならない。「国民皆兵」を目指したが免責条項があったことから、一八八九年の新徴兵令で免責条項を撤廃している。

基本的な骨子は、二〇歳から四〇歳までの男子に兵役義務を課したことである。陸軍の場合、現役兵として兵営に入る期間は三年だった。現役三年を終えた者は予備役(四年四カ月)となる。現役と予備役を総称して常備兵役と呼んだ。そして七年四カ月の常備兵役を終えると、五年間の後備兵役に位置づけられた。

こうして一二年四カ月の間は、召集されたらいつでも応じる必要が生じた。いわば義務的な期間である。軍部にしたら、有事になれば現役はもとより予備役と後備役にも召集をかけて、一斉に戦場に投入することができた。

なお一九二七（昭和二）年には、動員しやすい兵役法が制定されている。ちなみに太平洋戦争末期の昭和二〇年には徴集率は九割を超えた。

さて、シベリアである。

シベリアに派兵された多くの兵士は予備役と後備役だった。前出の吉野作造が『中央公論』に摘録した「青年将校の観たるシベリア出征軍の実状」に、次の記述がみられる。

なかにも気の毒なのは、召集された兵卒や除隊延期となった兵卒である。彼らはすでに二、三の服役を終わったのである。本来、家郷にあって、生業にいそしむを得るべきなのに、半年も一年も特別の勤務に服せしめられる。そして毎月一様に、五円や六円のこづかいをもらうだけではたまったものではない。兵卒のなかにはまたずいぶん家の貧しい者もある。出征のためにどれだけ多くの悲劇が、この間に起こされているかは、けだし想像の外であろうと思う（一四三—一四四頁）。

そして——シベリアからの帰還兵対策について、前出の原暉之著『シベリア出兵』は〈治安当局は帰還兵士の言動に厳重な監視の眼を光らせ、軍も独自の調査を行った。この事実は「危険思想」への恐怖がいかに大きかったかを物語っている。いわば感染に対しては検疫が対置されたのであった〉と書き留めている。

いわば強制送還だったが、アメリカからシベリアの兵力削減を求められていた原首相にとって、この措置は「渡りに船」となる。ことの発端は、第一次世界大戦で白旗をあげた同盟国のドイツが、連合国と休戦協定を結んだ五日後のことだった。一九一八年一一月一六日、アメリカがシベリア派兵に強く抗議してきた。

北満州および東部シベリアに駐在する日本軍兵数の過大なるを見て驚愕禁ずる能わず。……独占的管理は常に猜疑の念を惹起すべきを疑わず。……米国政府のロシア救援の目的と背馳《はいち》するのみならず、対中国の見解とも齟齬《そご》している（外交文書の概略）。

アメリカからのクレームは厳しく、発足して間もない原内閣はシベリア駐留の兵力削減を迫られた。首相・外相・陸相・海相の四者協議がもたれ、一二月一八日に派遣軍の総数を二万六〇〇〇にまで削減する案を内定した。

この日の『原敬日記』は、田中義一陸相の発言を、〈田中云ふ〉として書いている。

殆《ほとん》ど大軍駐屯の必要なきに、現在の儘《まま》に差置くに於ては各国の疑惑を免かれざるのみならず、米国の不快も改まらず、又費用も莫大にて、何の為めに此巨費を投じて大兵を置くやと議会の質問に遭ふも答弁の道なき如きは国家の為に得策ならざれば、治安を保つべき守備隊に止めて他は召還し、即ち平時編成に改めては如何と云ふ。

原首相にとって、田中陸相の提案は願ったりかなったりであった。シベリア派遣軍の減兵は閣議決定の後、外交調査会で正式に決まる。では陸軍はどうだったのか。原内閣が誕生する直前に作成された「東欧新戦線構成に関する研究」に見られるように、常備師団をシベリアに投入して、一気にシベリア全域を占領下に置く計画だった。

だが田中陸相は、原内閣の掲げる対米協調のもとで「大陸国家」を形勢するのが現実的な手段だと、その方針をがらりと変える。顕著なまでの変容について、松本健一著『原敬の大正』は〈大規模なシベリア出兵を推進した参謀本部の次長だった田中義一が原内閣で陸軍大臣に就任すると、陸軍の暴走を抑制する側に回ったのである。のちに政友会総裁になる田中の、「軍」から国家の「政治」への転換の兆しといってもいい〉（四二三頁）と述べる。

事実、田中は後に首相となる。それはさておき、纐纈厚著『田中義一』は〈何よりも米騒動を契機に登場した民衆の政治エネルギーが、巨大な軍事費を消費する陸軍への批判となって具体化する懸念が強かったこと、などが方針転換を余儀なくさせた理由と考えられよう〉（二二八頁）と解説している。

ともあれ、シベリアの兵士に「危険思想」が広がるのを防ぐために帰還させることで、実質的な兵力削減につなげた。原首相は予備役と後備役を中心に該当兵士らの帰還を急いだ。こうして一九一九年一月から二月にかけて、二万三三〇〇人を帰還させたのである。

ところで「兵力削減」につながった強制送還には、「危険思想の感染」とは別の理由も潜んでいた。「性病」の感染問題である。もう一つの「感染」について、吉見義明著『従軍慰安婦』は〈戦争の目的がわからない戦争であったから、兵士たちの気持ちが荒れていった〉として、こう続けている。

シベリア出兵で特徴的だったことは性病感染率の高さである。一八年八月から二〇年一〇月末までの間に出た性病患者は一一〇九人に及ぶ（参謀本部編『西伯利出兵史』第四巻付表）。同時期の戦死者は一三九九人、戦傷者一五二八人であるから、いかにも多い。しかも、性病感染は不名誉なので、かかっていても隠す者が多かったから、実数はずっと多かったはずである。北樺太と、対岸のニコラエフスクなどを管轄するサハリン派遣憲兵隊の数字では、患者三三一名中、性病患者は三三名で、患者の一割を占めていた。憲兵司令部の分析によれば、その原因のひとつは将兵などの相手をする芸妓・酌婦の性病感染率が高い（二一年でも二八％）ことにあった（『薩哈嗹《サガレン》派遣憲兵史』）。津野一輔サハリン軍政部長は二〇年九月一日、「芸妓、酌婦取締規則」をつくり、芸妓・酌婦は憲兵隊の許可制とし、憲兵隊の指定した健康診断を受けるよう義務づけている（同上）。これは憲兵管理の公娼制である。すでにこのような経験を日本軍はもっていた（一八―一九頁）。

将兵と女性に性病が広がっていたという。沿海州とアムール州の全ロシア人口調査（一八九七年）には、〈売春婦〉という職業項目がある。倉橋正直著『北のからゆきさん』は〈日本人売春婦は圧倒的な数を示している〉〈居留民全体（男も含め）が約二三〇〇人だから、売春婦の比率は居留民全体のなんと一二％にものぼっている〉（一四頁）と明記した。

二つの「感染」は、その質こそまったく異なるが、シベリア出兵がもたらした結末にほかならない。双方に性病が蔓延していたため、将校の相手をした女性が苦しんだケースもあったことだろう。

抗日パルチザンに韓国人と中国人も参加

原内閣と陸軍が支援したコルチャーク政権は、その弾圧的な内政統治から、ロシア民衆の反感を買った。

圧制に虐げられたシベリア人民は、虐政にたいして反抗した。虐政の背後には日本軍がひかえていたから、反抗は反革命政府とその軍隊にむけられるとともに日本軍にたいしてもむけられた。広汎なパルチザン活動が展開された。（中略）アムール州はパルチザン活動の最大かつ最強の中心地となった。パルチザンには、ロシアの人民ばかりでなく、中国人や朝鮮人や戦争の捕虜までも加わった（信夫清三郎著『大正政治史　第三巻』、九五五頁）。

シベリアに派兵された日本軍に挑んだのは、正規軍ではないロシア農民らによるパルチザン部隊であり、そこに加わったのが中国と韓国の抗日義兵だった。日本軍は民衆を敵に回したのである。抗日パルチザンに中国人や朝鮮人が加わっていたのは、日本への反発がそれだけ強かったからだろう。

一九一九年三月一日、ソウルの公園に市民や学生ら数千人が集まり「独立宣言書」を発表する。集会後、人々は大韓帝国の太極旗を振り、「大韓独立万歳」の声をあげて、デモを繰り広げた。この動きは朝鮮半島の全域に及んだ。韓国の「三・一独立運動」だった。

韓国に対して、中国では「五・四運動」が起きている。第一次世界大戦中に日本が中国に突きつけた、山東省の旧ドイツ権益の継承など「二一箇条の要求」への反対運動である。パリ講和会議で日本が「二一箇条の要求」を撤回しなかったことに抗議するデモが、北京で大々的に繰り広げられた。日本商品のボイコットなど日貨排斥運動は全国規模となった。

そのパリ講和会議だが、日本軍がシベリアに入っていた一九一九年一月、連合国に属した二七カ国の代表がフランスのパリに集まった。四年四カ月に及ぶ世界大戦の死傷者は、参戦した三一カ国で一八〇〇万人にも及んだ。この第一次世界大戦の終結を受けての講話会議は、半年間にわたった。
日本は連合国の一員として、元首相で元老の西園寺公望を主席全権とする代表団を送った。ウィルソン米大統領は、一四カ条の基本原則（平和の一四原則）を前年に表明していた。秘密外交の廃止や民族自決、国際連盟の創設などである。
日本代表団が特に重視したのが、中国・山東州の利権継承だった。対独戦に勝利した日本は、中国に「二一箇条の要求」を突きつけてドイツ権益の譲渡を承認させていた。歴史学者の岩井忠熊さんは次のように解説する。

みずから代表としてパリに乗り込んできたウィルソン米大統領は、秘密外交の廃止を主張していました。対して日本は、イギリスとの間に山東半島の軍事占領で秘密協定を結んでいます。「二一箇条の要求」にも秘密部分があり、しかも脅迫的手段で強要したものです。このため連合国の一員として講和会議に臨んだ中国代表は、日本による「二一箇条の要求」を合法性と妥当性に欠けると全面対決の姿勢でした。日本とドイツ間の権益譲渡は、中国の参戦によって消滅したという論法です（「反復された戦争」六二回）。

このとき日本は「人種差別撤廃条項」も提案していた。一九〇六年にサンフランシスコで日本人の子どもの入学が拒否されるなど、日本人排斥問題が起きたことが念頭にあった。しかし、日本の主張は通らなかった。岩井さんは「日本が台湾や朝鮮の植民地で行ってきた差別をさらけだすことになり、人種差別撤退条項は山東半島の利権を承認させる取引条件のようにみられました」と指摘する。

その山東半島問題で一方の当事者である中国は、民族主義と領土保全の原則から、直接中国に返還されるべきだと主張した。また米国も日本の中国進出に歯止めをかけようと、日本が山東省の権益を獲得することに終始反対する。岩井さんは補足して、次のように語る。

日本全権団のなかからは、日本の主張によって会議が紛糾すれば、会議を脱退するとの声も出ました。だが西園寺公望は代表団を集めて、山東半島問題ごときに心を奪われて、国際連盟開設の重大案件を放置して引き揚げる愚を戒めます。

山東半島の帰属問題は、国際連盟構想を挫折させたくないウィルソン米大統領が、日本に歩み寄った。日本の要求は認められたが、日中関係は悪化の一途をたどる。それは日韓関係にしても同じだった。

そして第一次世界大戦は終結しても、日本のシベリア戦争は続けられた。

司馬遼太郎の怒り

明治という時代を評価する司馬遼太郎だが、シベリア出兵がなされた大正時代となると、著書『ロシアについて』の行間から怒りが飛び出てくる。

自国の歴史をみるとき、狡猾という要素を見るときほどいやなものはない。江戸期から明治末までの日本の外向的な体質は、いい表現でいえば、謙虚だった。べつの言い方をすれば、相手の強大さや美質に対して、可憐なほどにおびえやすい面もあった。（中略）。日本における狡猾さという要素は、すべて大正時代（一九一二～二六）に用意された。（中略）国家にも器量がある。器量とは、人格、人柄、品性とかいった諸概念をあつめて、輪郭をぼやかしたような何かであるとしたい。大正時代の日本、それまでの日本の器量では決してやらなかったふたつのことをやった（二四六―二四七頁）。

そう述べる司馬遼太郎があげたひとつは、北京の軍閥政府に対して〈恫喝でもって承認させた〉中国への「二一箇条の要求」（一九一五年）である。

第一次世界大戦によって、いわゆる列強が中国から手をひいたすきに乗じた要求で、列強のかわりに日本が中国を独占的植民地にしようとするものであった。これによって日本の印象は決定的に悪化した。このことは中国に民族運動をおこさせるもとになったが、日本国内に対しては見えざる毒素がひろがった。他国とその国のひとびとについての無神経な感覚というべきもので、かつてわずかな量ながらもその中に含有していた日本の心のよりましな部分をはなはだしく腐蝕させた。この種の腐食こそ国家の存亡につながることを、当時の〝愛国者〟たちは気づかなかった（二四七―二四八頁）。

もうひとつが「シベリア出兵」である。いささか長くなるが、「シベリア出兵」の本質を突いているので、ここに引用したい。

大正七年（一九一八）から数年も執拗につづけられた「シベリア出兵」である。「出兵」の前年に勃発したロシア革命によって、シベリアが無政府状態になった。

列強は、革命に干渉し、できれば圧殺しようとし、シベリアに兵を送った。ロシア人はパルチザンでこれに抵抗した。シベリアは空家ではなかった。ロシア人にとって、かつて獲得した地ではなく、すでに父祖の地になっており、かれら個々が命を捨ててもこれを守るに価いする情念の地になっていた。

当初、連合軍（日、米、英、仏）が組織された。二万四千八百の兵力のうち、半分ちかい一万二千が日本軍だった。その後、日本軍だけは七万三千に増強された。二年後には他の国は撤兵し、日本軍だけがのこった。ただ一国だけ四年も駐兵しつづけた。この間、日本軍の損害は大きく、死傷は三分の一に達した。兵士の士気も低下した。

前代未聞の涜武《とくぶ》といえる。

理由もなく他国に押し入り、その国の領土を占領し、その国のひとびとを殺傷するなどというのは、まともな国のやることだろうか。

ソ連は、建国のときにこの傷手《いたて》をうけた。自国の革命を守るために過剰に武装するという体質ができるのは――武装好きがロシアの伝統はいえ――このときからだったといえる。同時に、日本に対する武力的な警戒を過度にするという伝統が加重されたのも、このときからだともいえそうである。（中略）

国家は、国家間のなかでたがいに無害でなければならない。また、ただのひとびとに対しても、有害であってはならない。すくなくとも国々がそのただ一つの目的にむかう以外、国家に未来はない。ひとびとはいつまでも国家神話に対してばかでいるはずがないのである（二四八―二五〇頁）。

石橋湛山の警告

明治維新が創設した日本軍（皇軍）は外征軍として拡大され、大陸に侵攻していった。韓国併合、中国東北部の租借領有、さらにはシベリアへ拡大出兵した。こうした日本の膨張政策を

「大日本主義（軍国主義、専制主義、対外膨張主義）」と批判したのが、舌鋒鋭い評論で知られた石橋湛山である。

石橋湛山は一九二一（大正一〇）年に『東洋経済新報』の社説で、三回にわたって「大日本主義の幻想」と題して論評した。〈朝鮮、台湾、樺太を領有し、関東州を租借し、支那、シベリアに干渉することが、わが経済的自立に欠くべからざる要件だなどという説が、全く取るに足らざる〉と断じて、ならば軍事的にはどうであるかと、次のように展開する。

石橋湛山

軍備については、この頃、いろいろの説が流行する。けれども畢竟《ひっきょう》、これを整うる必要は、㈠他国を侵略するか、あるいは㈡他国に侵略せらるる虞《おそ》れあるかの二つの場合のほかにはない。他国を侵略する意図もなし、又他国から侵略せらるる虞れもないならば、警察以上の兵力は、海陸ともに、絶対に用はない。（中略）米国にせよ、他の国にせよ、もしわが国を侵略するとせば、何処を取ろうとするのかと。思うにこれに対して何人《なんびと》も、彼等がわが日本の本土を奪いに来ると答えはしまい。日本の本土ごときは、只遣《や》るというても、誰れも貰い手はないであろう。

されば、もし米国なり、あるいはその他の国なりが、わが国を侵略する虞れがあるとすれば、それはけだしわが海外領土に対してであろう。否、これらの土地さえも、実は、余り問題にはならぬのであって、戦争勃発の最も多いのは、むしろ支那又はシベリアである。

わが国が支那又はシベリアを自由にしようとする、米国がこれを妨げようとする。あるいは米国が支那又はシベリアに勢力を張ろうとする、わが国がこれをそうさせまいとする。ここに戦争が起れば、起る。しかしてその結果、わが海外領土や本土も、敵軍に襲わるる危険が起る。さればもしわが国にして支那又シベリアをわが縄張りとしようとする野心を棄つるならば、満州、台湾、朝鮮、樺太等も入用でないという態度に出づるならば、戦争は絶対に起らない、従ってわが国が他国から侵さるるということも決してない。

論者は、これらの土地をわが領土とし、もしくはわが勢力範囲として置くことが、国防上必要だというが、実はこれらの土地を斯《か》くして置き、もしくは斯くせんとすればこそ、国防の必要が起るのである。それは軍備を必要とする原因であって、軍備の必要から起った結果ではない。

しかるに世人は、この原因と結果とを取違えおる。謂《い》えらく、台湾、支那、朝鮮、シベリア、樺太は、わが国防の垣であると。いずくんぞ知らん、その垣こそ最も危険な燃草であるのである。（中略）日本に武力あり、極東をわが物顔に振舞い、支那に対して野心を包蔵するらしく見ゆるので、列強も負けてはいられずと、頻《しき》りに支那ないし極東を窺うのである（増田弘編

『小日本主義　石橋湛山外交論集』、五八―五九頁)。

長い引用となったが、この論考は石橋湛山の慧眼《けいがん》にあふれている。日本政府と軍部が湛山の警告を受け止めていれば、日中戦争そして太平洋戦争に突き進む愚をおかさないですんだはずである。日本の歩んだ歴史は、湛山が危惧したようになってしまった。

それでも日本軍はシベリアに居残った

日本軍はシベリアの大地を突き進んだ。一九一八年九月五日にはハバロフスクを占領した。原暉之著『シベリア出兵』によると、〈日本軍は沢山の戦利品を分捕った。まず砲兵工廠《こうしょう》を襲って火砲五四門、軽機関銃五銃を鹵獲《ろかく》し、次いでアムール河小艦隊の乗組員の抵抗を排除して海軍根拠地を占領し、艦船二七隻、砲弾二万五〇〇〇発等を鹵獲した〉(四〇三頁)。またザバイカル、ニコラエフスク(尼港)、スーチャン、ポシエット(ポシェート)地区にも部隊を派遣した。続けて同書はこう解説している。

尼港への派兵は「将来該方面ニ対スル敵海軍ノ行動ヲ防遏《ぼうあつ》センカ為」といい、スーチャンへの派兵は鉱山労働者中に「独墺俘虜アリテ諸装置破壊ノ虞《おそれ》アルヲ以テ之カ鎮圧ノ為」というが、隠れた目的としては、前者の場合アムール下流域と北サハリンにおける利権の獲得、後者の場合アメリカによる鉱山利権独占に対する牽制が絡んでいたことを看取するのは容易であろう。ポシェート地区への派兵に至っては、「南部烏蘇里《ウスリー》電線掩護《えんご》ノ為」を表向きの目的としながら、その実、朝鮮独立運動に対する抑圧を任務としていた。(中略)これらの地点への派兵そのものが「チェコスロヴァキア軍団の救援」なる目的と大きく喰い違っていることを指摘すれば足りる(四〇七頁)。

司馬遼太郎に言わせれば、まともな国のやることか——ということだろう。
日本政府のシベリア出兵の迷走は、アメリカが唐突に単独撤兵を通告してきたことで深まった。チェコ軍団の救援を大義に掲げたアメリカにしたら、軍団の引き揚げが完了したので役目を終えたということだろう。一九二〇年一月九日、駐米大使からの撤退報告を受けて、原首相は田中陸相と対応を話し合っている。

余は此儘《このまま》駐屯する事は列国猜忌《さいき》の焦点となり、また費用も莫大にて、かつ国論も如何《いかが》あらんかと思う。去りながら同地方は特殊の関係もある事なれば、軽々に撤兵するが如き事も不可能なる事勿論なり。(中略)兎に角、占領地にあらざれば自由の処置をなす事を得ざれば、今日の儘に遂行する事を改め、自衛的行動を取るの機会を作らざれば我政策の安全を期し難し(中略)人を損ずるも金を費やすも国論の一致を期する事を得べしと云ひたる(『原敬日記』一月九日）。

政府と軍部はその武力で韓国を併合し、中国東北部を軍事占領した。それだけに政府と軍部は、対露戦略からもシベリアへの軍事的な影響を残しておきたかった。陸軍はウラジオストク、朝鮮半島、中国東北部の「自衛」を大義名分にあげている。〈自衛的行動〉は、軍拡や海外派兵の際に政府や軍部は都合よく使ってきた。原首相は続けて日記に、こう書いている。

余は陸軍内部の事も察せざるに非ず、また一度因縁を付けたる土地を棄つるも困難なるを知れども、列国既に退去し、我独り止《とど》まり而《し》かも、その理由の曖昧なる事にては、内外に信を失する事になるに因り、与ふるは即ち取るなり、今回若し綺麗に撤退せば、他日また大に我に有利の時あるべしと思ふなり。

そこで原首相は、田中陸相と参謀本部の顔を立てる策をひねる。アムール州とザバイカル州から撤退するかわりに、半個師団（約五〇〇〇人）を増派して中国東北部の防御にあてることにしたのだ。なんとも露骨なつじつま合わせ、いや騙し方であった。出兵目的が都合よく変更されることに対して、山室信一著『複合戦争と総力戦の断層』は、次のように解説している。

樺太・朝鮮・北満州への侵入に対する脅威があげられているのは、日本の出兵意図がそのまま裏返しに表明されていることを示している。つまり、樺太・朝鮮・北満州を拠点にして、そこから延長して形成される空間を勢力範囲とするために出兵したがゆえに、逆にそこを守るために撤兵できなくなってしまった攻守逆転した事態に追い詰められていたことが、ここには問わず語りに明らかにされているのである(一四六―一四七頁)。

そうした国内事情とは別に、東部シベリアは激変の様相を呈していた。反革命派のコルチャーク政権の崩壊で、沿海州の主要地は革命派のボリシェビキと抗日パルチザンに攻め込まれた。アムール河の一帯は「白軍」から「赤軍」に塗り変わったと表現され、東部シベリアの日本人居留民の生命に危険が迫っていた。ことに厳寒の季節になるとアムール河は凍りつき、日本人の住む市街地は陸の孤島に変わるのだった。

第五章　尼港事件――被害の居留日本人虐殺

守備隊は全滅し、副領事一家も犠牲

日本がシベリアに出兵したとき、間宮海峡（タタール海峡）を挟んで北サハリン（樺太）と向かい合うアムール河河口の尼港（ニコラエフスク）は、北洋漁業の拠点としてウラジオストクに次ぐ沿海州の主要都市だった。当時、約四〇〇〇人の日本人が住んでおり、このため日本政府は領事館を置いた。

また陸軍は、第一四師団（宇都宮）歩兵第二連隊第三大隊（水戸）を中心に、約三三〇人の守備隊を配置し、海軍は二人の少佐の配下に約四〇人の無線電信隊が駐屯した。

ロシア革命支持派の非正規軍パルチザンの攻勢が強まると、ロシアの反革命派軍と日本軍が治安維持にあたるが、中心になったのは陸軍の守備隊である。

一九二〇（大正九）年一月一〇日、第三大隊を率いた石川正雅少佐は守備隊長名で、自衛の必要上から布告を発した。〈日本軍の軍事行動上、緊要につき、日本軍守備隊長は左記の各項を、一般に布告するのやむを得ざるに至れり、宜しくこれを遵奉し違反すべからず、もしこれに反する者あれば、ただちに死刑に処し、その財産全部を没収することがあるべし〉。この布告は戒厳令に等しく、「死刑」の二文字が際立っている。

布告の要領は——午後一一時以降の道路通行を禁止する、すべての集合には露国要塞司令官の許可を必要とする、軍事行動中は日本軍指揮官の命令に服従する、武器や弾薬を隠蔽してはならず、隠蔽している者がいれば日本軍に通報する、電信局員は日本軍指揮官に対し電報の点検を拒むことができない——などの六項目だった。厳しい内容は、それだけ事態が切迫していたことを物語っていよう。

そうして日本軍の守備隊は尼港に厳戒態勢を敷いたが、抗日パルチザンには勢いがあった。この結果、日本軍が村落を焼き討ちした「イワノフカ事件」（一九一九年三月）の対極となる「尼港事件」が、一九二〇年三月から五月にかけて起きる。

居留民や陸海軍の兵士ら七五三人が虐殺された「尼港事件」の概要を、元陸軍少将の菅原佐賀衛著『西伯利出兵史要』や報道記事などをもとに、時系列に沿ってたどりたい。

一九二〇年一月二三日　約三〇〇〇人のパルチザン兵が、凍結した黒竜江（アムール河）を越えて尼港下流の沿岸漁場に進入してきた。中国人や朝鮮人のほかに〈無頼の徒を糾合して軍隊を編成し〉兵力の増強をはかる。このため市内の商店はほとんど閉鎖し、兵営に避難する在留邦人も増え、病院も兵営に移った。

一月二五日 日本軍に協力的な反革命派のロシア人のなかから、知識階級や資産家らを中心に自衛組織を結成する。積雪は腰のあたりまであり、郊外に出て戦えないので、パルチザンの接近を待った。

一月二九日 尼港と近郊のチヌイラフ間の電線が切断される。

二月五日〜七日 パルチザンはチヌイラフの旧要塞を占拠し、砲台を組み立てて、海軍無線通信所に砲火を浴びせてきた。海軍無線電信隊は兵舎六棟、倉庫などの焼却に遭う。〈約一〇〇の過激派、小銃射撃を行う、我四三名近く枕を並べて潔く死せん〉が最後の通信だった。以来、尼港と第一四師団との連絡は遮断された。

二月二四日 パルチザン側から休戦の提議を受け、二八日から軍事行動を中止する。だが数千人のパルチザン兵は尼港に入ると〈その仮面を脱し、反過激派将校、富豪等五〇〇余人を獄に投じ、且《か》つ所在掠奪《しょざいりゃくだつ》を恣《ほしいまま》にし〉、中国人や朝鮮人さらには無頼の徒を糾合しては〈軍隊を編成し、ますます其の勢力を張り、愈々《いよいよ》強盗団の面目を発揮した。事後に於ける彼等の仕事は投獄と虐殺と掠奪だった〉。

三月八日〜一一日 約四〇〇人の居留民の不安が高じたことから、石川正雅・守備隊長と石田虎松・副領事はパルチザン本部に赴き、協約違反を責めた。外交官の石田虎松は副領事の肩書ながら領事が空席だったので、実質的に領事の任務に就いていた。

この頃、〈過激派は一三日を期し、日本軍を抹殺する計画があるという風評が高まった〉ことから、守備隊は先手必勝の夜襲を決断する。兵力は日本軍四〇〇に対し、パルチザン軍は市外の民家に宿営している者を含めて四〇〇〇と見なしていた。

三月一二日午前二時　守備隊はパルチザンの本部を包囲して火を放ったが、商会などの建物や民家に分散していたパルチザン兵はすぐに応戦してきた。〈家屋内からの射撃は、暴露して、道路を前進する我軍に、非常な損害を与える〉。守備隊はことごとく狙い撃ちされ、第三大隊を率いた石川正雅少佐が撃たれ、守備隊の死傷者は相次いだ。〈天明に及ぶ頃には大部はすでに戦死〉する。

このとき、思わぬ攻撃にも遭っている。尼港に冬営中の中国の砲艦が、突如として攻撃してきたのだ。〈何を血迷ったものか、此勇敢なる我兵卒に向って、射撃を浴びせ懸けた、砲艦からの不意打ちに、我兵士は相踵《あいつい》で斃《たお》れた〉。

ついには領事館が襲われる。〈微弱なる兵力を以て守り得べきはずがなく、海軍少佐石川光儀先ず斃《ま》れ〉、このあと石田副領事は自刃《じじん》し〈其の妻子また火中に投じて死し、領事館は遂に烏有《うゆう》に帰したのである〉。

さらにパルチザン兵は、尼港市内の日本人を襲う。〈屈強の男だけと云《い》うならまだしもの事、何等《なんら》抵抗力なき老幼婦女も悉《ことごと》く虐殺せられたのである〉。兵営に逃れることができたのは〈四百有余名の居留民中僅《わず》かに一三名に過ぎなかった〉。

三月一八日〜一九日　戦闘は中止された。〈越えて三月一九日、我が兵は総て露国監獄に移されたばかりでなく、其の着用せる衣服さえ取られたのである。それは戦闘員だけでなく分隊長内田軍医以下の衛生部員もまた同じ運命をたどった〉。

五月二四日　投獄された日本人の全員が虐殺される。その犠牲者は〈陸軍軍人軍属一〇八名、海軍軍人二名、居留民一二名、計一二二名であって〉、現場になった〈黒竜江畔《ほとり》今尚《な》ほ、鬼哭啾々《きこくしゅうしゅう》たるものある〉（『西伯利出兵史要』、一二四―一四八頁）。

救援軍が到着する前に皆殺し

極東シベリアの尼港（ニコラエフスク）で一九二〇年三月一二日に起きた住民虐殺の悲報が、原敬首相に伝わったのは四月二日のことだった。

外相陸相よりニコラエフスクに於いて、我が守備兵及び居留人の多数惨殺せられたる由を報告せしが、電信不通、露国側及び支那側の電報に過ぎず。事情判明せず。結氷中なれば救援隊を送る方法も之なし。甚《はなは》だ心痛の事なり（『原敬日記』四月二日）。

事件から三週間ほどたっているのに〈事情判明せず〉とは心許ないが、外務省は情報をつかみ切れていなかった。『東京日日新聞』は三月三〇日付朝刊で、次のように報じている。

〈領事館焼却の説につき外務当局は曰《いわ》く。「そういう説は、浦鹽《ウラジオ》あたりでも行われているようだし、外務省へも情報はきているけれども、これをただちに信じるわけにはいかぬ。ブラゴベシチェンスク以東の通信機関は過激派が占領しているので、浦鹽で発表する情報は過激派の為にするプロパガンダが多いから、これも事実が誇張されているかも知れぬ。いずれにしても大衝突があったのではあるまいと思う」云々〉。

すでに亡くなっている石田虎松副領事についても未確認のようで、同じ日の『東京朝日新聞』の見出しは〈日露兵の衝突で傷ついた石田副領事〉だった。掲載した写真は〈遭難せる石田副領事〉のキャプションがついている。『東京日日新聞』も同様に未確認の報道であり、その紙面によると石田副領事は〈加賀小松町（現在の石川県小松市）の生まれ、幼少から学問好きで、独学で今日の地位を得た男で、今年四十七の働き盛り〉だった。一九一八年一一月に前任地モスクワから尼港の領事館に赴任している。

尼港では妻のうらきさん三四歳と次女の綾子ちゃん七歳、長男の寅雄ちゃん三歳の一家四人暮らしだった。東京都内の留守宅には、実母きた子さん六四歳と就学のため帰国していた小学五年の長女芳子さん一二歳が住んでいた。実母の話として、石田副領事の赴任後に生まれた初めての男の子である長男の顔さえ見たことがないと述べ、心配しきりの様子を伝えている。

そのとき石田副領事はどう動いたか――。応接間の窓から姿を見せ、外に向かって大声で「私は国際法によって治外法権を保障されている者である」とロシア語で叫んだという。土井全二郎著『西伯利亜出兵物語』は続けて、外交官らしいエピソードを紹介している。

石田副領事は領事館炎上の前、館内に逃げ込んできていた隣家のロシア人に対し、「領事館も今宵《こよい》一夜、我々と一緒に死んではいけない」と退去を勧め、脱出のさいには流れ弾に当たらぬよう、日本兵の射撃を一時停止させている（二三〇頁）。

尼港の領事館が襲われ、石田副領事一家が三月一二日に非業の死を遂げたのを、原敬首相が知るのは四月六日のことだった。なお石田副領事は殉職後、領事に昇任した。この日の『原敬日記』は、次のように書いている。

浦塩《ウラジオ》に於て、日露兵の衝突ありし旨を、田中陸相より報告し、尚ほニコラエフスク惨殺の報に関し、北海道より多少の兵を送らんとの議を出せしも、目下氷結中にて途中に止るの外《ほか》なきに付更《つきさ》らに考慮する事となしたり。但し我兵及び居留民、領事まで殺害せられたりと云うに於ては、国家の為め捨置き難き事は勿論なり。

このとき一二二人の日本人が、捕虜扱いで獄舎につながれていた。結果論だが、獄舎の日本人が皆殺しに遭うのは五月二四日である。北海道・旭川の第七師団が救援に向かうが尼港に到着したのは、時すでに遅く六月三日だった。市街地は焼き払われ、パルチザン兵はすでに撤退していた。

獄舎の板塀には、誰が書いたのか〈大正九年五月24日午后12時　忘ルナ〉とあった。死の直前の記録とみられる。

尼港事件を奇貨として北樺太を「保障占領」

シベリアで起きた「尼港事件」の詳報が日本国内に伝わるのは、廃墟の市街に救援軍と従軍記者が入ってからだった。外務省のまとめた「尼港殉難者数」によると、犠牲者は居留民が三八四人、軍人が三五一人で、合わせて七三五人にのぼる。うち二〇歳以下の男子は三六人で、女子は三一人だった。一九二〇年六月の報道に目を向けたい。

たとえば『東京日日新聞』は〈尼港の同胞は斯《か》くして、惨《いた》ましき死を遂げぬ〉と見出しに掲げて、こう続ける。〈最も残虐なりしは男女を駆足《かけあし》させつつ、突として斧《おの》にて膝《ひざ》より切り落とし、バタリとのめり倒るるを見、血液垂るる両足を長靴より引き出し、其《その》靴を剥《は》ぎ、衣類を脱し、断末魔の苦悶中を火中に投じたるあり〉（六月六日）。

また『東京朝日新聞』は〈戦慄すべき虐殺実見談〉として、〈児童を壁石等に叩きつけて惨殺し、女に対しては凌辱を加へたる後、衣服を剥ぎ取り裸踊りを強要し、最後に銃殺をなせるものにして、其の如何に暴虐《ぼうぎゃく》を逞《たくま》しうしたりしかは推測するに難からず〉（六月一三日）と報じた。

こうした現地報告に対して、小林幸男著『日ソ政治外交史』は〈きわめて誇張した刺激的な報道キャンペーンを競って展開した〉として、次のように指摘する。

新聞は、決定的に政府・軍部の太鼓もちになり下がって、反ソ・反革命を絶叫し、ことのついでに、朝鮮や中国の民族主義に対する敵意と憎悪をあおり立てて、民衆世論を排外主義のるつぼの火中に押しやってしまった（二一三頁）。

さらに小林氏は嘆く。〈これらの報道が、一方では「尼港虐殺事件」を煽動《せんどう》しながら、同時に他方でその代償としての、北樺太・沿海州への領土的野望へと、閣議決定に関する新聞報道等を通じて、世論への打診・誘導を開始したことは明らかである〉（二一〇頁）。

実は首相の原敬は、元老の山県有朋と秘かに話し合っていた。『原敬日記』にこう出ている。

山県は北樺太を占領するを可とす（彼地《かのち》には油田ありなどの事も云《い》へり）、右に対し余は閣下右様の考あれば誠に仕合わせなりとて、兼《かね》て余の腹案なりし浦塩《ウラジオ》を除くの外総《ほかすべ》て撤兵し、北樺太は露国に於いて責任ある政府成立し、相当の報償謝罪をなすに至る迄は、我国は之を占領すべしと声明して、之に相当の駐兵をなすを可とすと思ふと云ひたるに、山県は然り同感なり（六月一二日）。

二人の密談について、小林氏は前書で〈山県・原の合意は、余すところなく日本帝国主義の謀略を吐露している〉と断じた。南樺太は日露戦争に勝利して、すでに獲得していた。

このとき日本政府は、モスクワの革命政権を認めていなかった。このため「賠償と謝罪」といった満足できる解決が得られるまで、その保障として北樺太の軍事占領を決める。イワノフカ村を焼き討ちして、住民を虐殺したことに対する「賠償と謝罪」は念頭になかったようだ。

北サハリン（樺太）の軍事占領については、当然、アメリカから異議を突きつけられた。信夫淳平著『大正外交十五年史』は日本政府が承認を求めた「占領声明」に対して、米国務長官が送りつけてきた覚書を紹介している。

尼港は日本守備兵および在留民が惨虐に遭いたる地点なるを以て、米国は日本の該地占領に異議なきも、これを以て薩哈嗹《サガレン》（サハリンのことで、日本政府は樺太と呼んだ）占領の理由ありとは認め難し。尼港事件は独り日本人の蒙《こうむ》りたる被害に止まらず、英米等外国人中にも二三被害者ありたるも、英米は薩哈嗹占領の行動に出でず。日本独り占領の行為に出づるは米国政府の了解に苦しむところなり。依って日本政府の声明に対する承認を留保する（八二頁）。

これに対して日本政府は、「釈明的回答」を米政府に送った。アメリカが引き下がるはずもなく、シベリア出兵をめぐって日米関係は悪化の一途をたどる。しかし日本軍が撤兵することはなかった。山室信一著『複合戦争と総力戦の断層』はこう記している。

日本の占領に対してアメリカは激しく抗議したが、尼港事件とは無関係に北樺太における石油・石炭利権を獲得することは、海軍がシベリア出兵決定以前から進めていた計画だったのである。そのことは一七年一二月に在留邦人保護を目的とする陸海軍協定において「樺太北部には有利なる資源あるを以て作戦の初期において速やかに同島全部の攻略に努むるを要す」と明記されていたのであり、尼港事件は北樺太出兵の格好の口実となったともいえる（一四八―一四九頁）。

日本政府と軍部は、かねてからの計略を、尼港事件を奇貨として実行に移したのである。

こうして四六〇〇人からなるサハリン州派遣軍の駐留が決まった。政府と軍部が一体となった利権獲得のための派兵は、外征型の常備軍を展開させているがゆえに、歯止めがきかないようである。

一人残された遺児は悲劇のヒロインに

将兵だけでなく、外交官や民間人を含めて七五三人の犠牲者を出した尼港事件は、世論を強硬にさせた。原敬内閣と軍部は北サハリン（樺太）の「保障占領」を正当化するため、世論のさらなる醸成を期待する。

政権与党・政友会の発信もその一例だった。〈軍事占領進言　政友総務会の決定〉の見出しで、『東京朝日新聞』は報じている。〈後日の保障の為め、同地方の一時的軍事占領を為すは、当然の権利と云はざる可からず〉〈直《ただち》に断然たる処置に出て、列国の了解の如きは事後に於て之を求むるも遅からずと云ふに決し、此《この》旨原首相に具申する事とし〉（一九二〇年六月一八日）。

また『東京日日新聞』は〈軍事占領と財源〉として、こう書いている。〈大いに国論沸騰《ふっとう》せんとしつつあるは帝国政府の今後の行動に対し、最も有力なる背景を作る所以《ゆえん》なり〉〈軍事占領は相当長期に亘《わた》ることを覚悟せざるべからず〉〈要する経費は差当り臨時事件費用中より支出するも、追って独立せる費目を作り経費の性質を明らかにすべく〉（六月一八日）。

慰霊祭も盛んだった。帝国軍人後援会発起の追悼会（築地本願寺）では、憲政会系の大隈重信が「このうえはもう軍事占領だ。責任ある政府ができるまで、北樺太はもちろん、沿海州も日本の手に預かっておかなければだめだ」と訴えた。一年前に日本兵が起こした「イワノフカ村焼き討ち事件」を知る由もなく、国内の世論は憤激に染まった。

また『東京朝日新聞』は〈学生等の奮起　労働団体と協力して　演説会開催〉（六月一四

日）の見出しで特報した。〈尼港に於《おけ》る過激派の暴虐なる行動は日々新聞紙上に於て報道せられ、人道上憤慨措《お》く能《あた》はずとて帝、早慶、明等各大学生並《ならび》に各労働団体にては尼港遭難者の霊を慰め且《かつ》は過激派を潰滅《かいめつ》に期せしむべく我当局を促《うなが》さん為め、対外青年同志会なるものを組織し本日市内に二千枚のビラを撒布《さんぷ》したる〉。

各地で追悼行事が盛んに行われたのは、悲劇のヒロインが生まれたことが大きい。石田虎松副領事の長女芳子さんである。当時一二歳で、東京都内で祖母と暮らしていた。芳子さんが『国民新聞』に寄せた詩「敵《かたき》を討って下さい」は、国民の涙と復讐心をかきたてた。

寒い寒いシベリアの、ニコラエフスク／三年前の今頃は、あたしもそこに居ました／お父様とお母様と、妹の綾ちゃんと／それからなつかしい澤山の日本人と／お国をはなれて、海越えて／遠い外国に住んでいる日本人は／誠でも親類の様に、父兄弟の様に／行ったり来たりして仲よく暮らしています／日本からつれて来たのなら、一匹の犬でも／皆でだいて可愛がります／寒い寒いシベリヤに居ても、日本人同志の／心と心の交りは、いつもいつもあたたかです

三月の末でした、お家の新聞に／ニコラエフスクの日本人が、一人残らず／パルチザンに殺されたと書いてあったので／あたしはビックリして泣き出しました／おばあ様もおどろいて、これはうそだ／何かのまちがいだと云いました／そうよ、きった何かのまちがいよ／けれども何やら心配で、その晩／こわいこわい夢を見ました／これがうそであればいい、間違いであれ

ばいい／お父様やお母様はご無事でしょうかしら今頃／綾ちゃんと赤ちゃんはどうしているかしら

うそだと思って居たことが、ほんとうでした／大変々々、まあどうしたらいいでしょう／お父様もお母様も綾ちゃんも赤ちゃんも／みんな殺されてしまいました／仲のよかったお友達も／近所に住んでたおばさんも、小父さん達も／誰も彼もみんな殺されてしまいました／槍でつかれたり、鉄砲でうたれたり／サーベルで目の玉をえぐられたり／八つ裂きにされたりして殺されたのです／まあ何というむごいことをするのでしょう／にくらしい狼のようなパルチザンお家は焼かれるし、お金はとられるし／はだかにされて、なぶり殺される時／まあどんなにかうらめしかったでしょうね／死ぬる時には、日本の方を伏し拝んで／どうかお国の人達よ、此敵を討って下さいと／きっと涙をこぼして願ったでしょう／敵を討ってくれる人は／お国の人よりほかに無いのですもの／敵を討って下さい、どうか敵を討って下さい／そしてうらみを晴らしてやって下さい／もし此のうらみが晴れなかったなら／殺された人達は死んでも死ねないでしょう（国立国会図書館デジタルコレクション）。

悲劇の遺児として、芳子さんは全国各地の追悼集会に招かれた。その健気な姿が人々の涙を誘った。前掲の小林幸男著『日ソ政治外交史』は〈当時の先進的な労働者やインテリゲンチャも、この国家権力主導による世論の沸騰に圧倒されて適当な対応を失い戸惑うていた〉と記している。

そして政府と軍部は一九二〇年八月、北サハリンの中核都市アレクサンドロフスクに軍政部を置いた。一〇月までに約四六〇〇人のサハリン州派遣軍が入り、「保障占領」は五年間に及ぶのだった。

時代を映す殉難者碑の碑文

茨城県水戸市堀原の「尼港殉難者記念碑」は、梅祭りの喧噪《けんそう》から抜け出したかのように、浅い春の光を浴びて大樹のなかにひっそりと建っていた。傍には殉難した将兵の名前を刻んだ石碑も見られた。

日本の徴兵制度は本籍地主義だったことから、各地に陸軍墓地が見られる。第二章で述べた通り、「イワノフカ事件」の引き金となった「田中大隊（大分）の全滅」により、大分市内の旧陸軍墓地の一郭には「ユフタの墓」がある。

尼港事件では、歩兵第二連隊第三大隊（水戸）がそうだった。『勝田市史　近代・現代編I』によれば、茨城県内の犠牲者は二八一人にのぼる。在郷軍人会が建立したという、高さ八メートルはありそうな「尼港殉難者記念碑」の碑文は、次のように刻まれている。


この方面の革命軍は、極端な過激思想をもつ悪質なパルチザン軍（パ軍）で、情勢の悪化を憂い中央では増援の派遣を図ったが、結氷積雪等に阻まれて断念を余儀なくされた。（中略）石川守備隊長は海軍及び領事等と協議の結果、事態打開のため三月十二日未明一斉に攻撃を開始した。緒戦は有利に進展したが逐次死傷者続出し、石田領事は家族と共に自決した。その後軍民協力して防戦を続けたが、パ軍の謀略による改ざん電報により停戦し、十九日武装を解除されて全員投獄され悲惨な獄中生活を送った。五月下旬我が救援部隊の接近を察知したパ軍は、獄内外の日本人全員を惨殺し全市を焼き払って遁走した。獄舎内の生々しい血痕や「五月二十四日を忘れるな」と無念の恨みを込めた文字、辞世の数々が、最後を物語り、六月三日到着した救援部隊員は、なすすべもなく悲憤の涙を流すばかりであったという。

パルチザンを糾弾して、犠牲者を悼み悲しんでいるのは、当時の新聞報道と同じである。戦死した兵士は、異例の二階級特進となったが、地元紙『茨城民友社』社長の長久保紅堂は、軍部の責任を厳しく問うた。

招魂祭が六月二四日に水戸市常磐公園で営まれたとき、田中義一陸相や上原勇作参謀総長らが列席したことにふれ、長久保紅堂は〈之《こ》れを以《もっ》て見ても其《その》責任上遺族を慰撫《いぶ》する事に於《お》て如何《いか》に狼狽《ろうばい》したかを窺知《きち》するに足るであろう〉と論じた。続けて『勝田市史　近代・現代編Ⅰ』は、長久保紅堂について次のように書き留めている。

素朴な民衆感情をあおり立てるに絶好の事件として利用され、犠牲者を悼む民衆の心情を敵がい心の方向に向けかけることに、かなり成功をおさめたのだった。このような風潮のなかで、敢然と、尼港事件における軍の責任を追及した地元の言論人がいた。（中略）

「尼港虐殺事件を口実にして、またぞろ増兵をしようとしたり、領土野心を発露し軈《やが》て兵卒の血を以て新華族にならんとして居る」「恥も外聞も知らぬ、領土さえ拡がれば国は繁昌するものと心得ている低能児」の「軍閥」と、この「軍閥」と手を結んだ原敬内閣とを、舌鋒《ぜっぽう》鋭く批判する長久保こそ、無名の師にむなしく異郷の地に斃《たお》れた兵士たちの真意をあらわした言論人であったといえよう（五九五—五九七頁）。

尼港殉難碑（水戸市）

全国紙が政府と軍部の「太鼓持ち」になっていくなかで、地元紙『茨城民友社』に長久保紅堂のようなジャーナリストがいたことは特筆されよう。

ところで尼港事件の追悼碑は、水戸だ

けでなく全国に少なくとも六カ所が確認されている。殉難者については「軍人の水戸」に対して、「民間人の天草（熊本県）」だった。天草市の東明寺に建つ「尼港事変殉難者碑」の碑文の大要は、次の通りである。

我が天草人にして殉難せる者百十名の多きに達す。而《しこう》してこれらの殉難者は、悉《ことごと》く自力更生のため大陸に進出せる勇者なりき。然るに業央《ぎょうなかば》にして俄然《がぜん》凶手《きょうしゅ》に斃《たお》る。人生の恨事、何者か之に過ぎん。嗚呼《ああ》、悲しい夫《かな》。然れども殉難者の一死は、敢《あ》えて徒死《とし》にはあらざりき。その尊き犠牲は、国家に対して貢献せる所、決して尠《すくな》からず。即ち国防上、最も必要なる北樺太の権利は、畢竟《ひっきょう》殉難者の賜《たまもの》たるは勿論《もちろん》、帝国今日の大陸政策も亦《また》、夙《つと》に諸君の雄図《ゆうと》に胚胎《はいたい》せりと謂《い》うも、敢《あ》えて過言にあらざるなり。

時代を映す碑文とはいえ、北サハリン（樺太）の「保障占領」に「貢献」したといわれても、民間人の死者たちは素直にうなずけるだろうか。困惑を隠せないのではなかろうか。

また碑文には、政府は遺族に三度にわたり〈破格の救恤《きゅうじゅつ》金を下附《かふ》するに至れる〉との記述もみられる。郷土史家の北野典夫氏は〈政府は、シベリア出兵の戦略的失敗を糊塗《こと》するためにも、民間犠牲者への補償を行わざるを得なかったのであろう〉と、著書『天草海外発展史　下』に記している。

第二章の「田中大隊の全滅」では郷土史家の柴田秀吉氏の著書に教えられたが、本章では北野典夫氏の著書に出合った。同書を読みながら、思わず目を止めたり、大きく首肯した記述をここに取り上げたい。

日本の大陸政策はなやかなりし時代色が、碑文の内容ににじみ出ている。発起人は学校の先生をしていた武藤末増であった。この人の兄武藤啓吉(手野村)は、日露戦争後の明治四十年(一九〇七)、ニコラエフスクに渡ってクリーニング屋を始め、さらに貿易に手をひろげ旅館も経営するまでに成功していたのだが、妻と長女の二人もろとも、この事件の犠牲になった。

(中略)

慰霊碑には、碑文とともに、天草関係殉難者百十人の氏名が刻まれた。郡外者でも、原籍が天草の人は、合祀されている。独身者らしい氏名の女性中には、やむなく、悲しい仕事に従事していた人たちもまじっているものと思われる。なおさら、哀れである。(中略)

後年、八紘一宇の日本は、中国大陸を荒廃させた。民主主義のアメリカは、広島と長崎に原子爆弾を落とし、ベトナムのソンミ村虐殺事件を起こした。共産主義のソ連は、日本兵捕虜五十九万四千人をシベリアに連行して強制労働に服させ、五万五千人を異国の丘に眠らせてしまった。人類史は、現代なお、未発達にして野蛮な暗部を幾層にも残しているようだ。最大の暗黒部分は、人類が、いまだに戦争を捨てきっていないということであろうか(一五五―一五七頁)。

なお、厚生労働省の推計では五七万五〇〇〇人がシベリアに抑留され、うち五万五〇〇〇人が死亡とされている。

ともあれ、戦争をする国は隠蔽や糊塗をはかるだけでなく、平然と国民を欺いて侵略戦争に参加させてきた。そのような「シベリア出兵戦争」だから、国民を納得させるだけの大義がなかった。「無名の師」と非難されるゆえんである。マスコミも「太鼓持ち」になったと批判された。

救援を怠った失政を追及

尼港事件を利用して北サハリンの「保障占領」を強行した日本政府と軍部だったが、この事件は原敬首相を直撃する。政権与党・政友会の会議で述べたという原首相の「不可抗力」発言が引き金になった。『東京朝日新聞』は〈原内閣の運命〉と題して指摘している。

〈政府は決して尼港の救援を怠《おこた》りたるに非《あら》ず、人事を尽くして尚且《なおかつ》及ばなかったのだと弁明して居る。そんなら不可抗力と同じではないかと反問すれば、マーそんなものだが不可抗力と云《い》ふ言葉が良くないと云ふような不徹底極まることで、お茶を濁そうとして居る。最初政府は尼港危険と見るや直《ただち》に北樺太より救援軍を派遣したるも、時恰《あたか》も結氷期に際し渡航の自由を得なかったと弁解していたが、昨今では厚氷《あつごおり》ならば犬橇《そり》を使用しても五百や一千の軍隊を送ることが出来たのだが生憎《あいにく》薄氷であった為犬橇も使えず、それなら軍艦で突破すればというかも知れぬが、それは流氷が夥《おびただ》しくありし為《た》め危険で行かれなかったと苦しい説明をしている。併《しか》し如何《いか》に政府が百方弁疏《ひゃっぽうべんそ》に努めても斯《か》かる前代未聞の大事件に対し、責任を負ふものが無いという事は想像し得られぬ奇怪事である〉（一九二〇年六月二三日付紙面）

この年の七月一日に開かれた衆議院第四三回帝国議会では野党・憲政会の永井柳太郎が、シベリア出兵の失政を問うた。永井は第一四回総選挙で衆議院議員に初当選したばかりだった。大隈重信の秘蔵っ子で、早稲田雄弁会の創始者として知られる。

陸相と外相が声明しているよう、日本政府は反革命派のコルチャック政権やオムスク政府を応援してきた。セミョーノフ軍に対しても同様で、日本政府は「過激派軍を倒さん」と干渉を加えてきた。しかし、オムスク政府は「脆《もろ》くも」崩壊した。その結果、多年にわたって日本軍の圧迫を受けてきたボルシェビキ軍（そしてパルチザン軍）がその恨みをはらそうとしたことが、尼港の大惨事を生んだのではないか。（中略）今日議会政治に対する否認の思想が蔓延《まんえん》しましたと云ふことも、即ち原内閣が常に此帝国議会を国民全体の基礎の上に置くことを拒みまして、動《やや》もすれば階級専政の傾向を現すと云ふことが根本の原因であります（松本健一著『原敬の大正』、四六五―四七四頁）。

また、『東京日日新聞』の社長から弁護士を経て衆議院議員になった関直彦は、非政友会の政党政治家として知られたが、やはり原首相を追及した。井竿富雄・山口県立大学教授の論文「尼港事件と日本社会、一九二〇年」は〈現存兵力でシベリアの治安維持をするのが困難なのがわかっていて放置していたのではないか、という文脈で、以下のように述べた〉とし、次のように紹介している。

救援しなかったのが遺憾であるというならば、居留民の引揚《ひきあげ》を早めることは可能だったはずである。居留民を引き揚げないとすれば、警備を十分にすべきであった。これは当局の不注意であり、「西伯利《シベリア》ニ対スル大方針ヲ定メナカッタ結果」である。（中略）結局シベリア出兵では、中国政策で対日感情がよくなくなったのと同様「露西亜《ロシア》ノ両方カラ日本帝国ガ怨《うらみ》ヲ受ケル」結果になったのではないか（二―三頁）。

また井竿教授は〈政治の場で出てきた「不可抗力」論は、社会的には「見殺し」として受け止められた〉として、前掲の論文で次の一例をあげている。

大分県で行われた尼港事件をテーマにした演劇で、石田領事役の俳優が「石田ハ是迄再三日本政府ニ救援軍派遣ノ上申ヲ為シタルモ日本政府ハ何等ノ処置ヲ為シ呉《く》レサル為メ異郷ノ地ニ居留民並《ならび》ニ日本軍ハ此《この》悲境ニ陥ラサルヘカラサル悲惨事ヲ惹起セリ」という台詞があったため警察と憲兵が削除させている（五頁）。

政府と軍部は、革命支持派パルチザンの残虐さを強調する一方で、政権批判につながる動きには神経をとがらせたのだった。

北サハリンに続いて、中国の間島に派兵

さて、また出兵である。

北サハリン（樺太）の軍事占領に続いて、今度は中国東北部・間島への派兵を決めた。きっかけは一九二〇年一〇月二日に、間島の中心都市・琿春《こんしゅん》で起きた領事館襲撃事件だった。朝鮮人が多く住む間島は、朝鮮独立運動の根拠地となっていた。

日本領事館が襲撃されるまでに至った背景について、朝鮮側から考察したのが金達寿著『朝鮮』だろう。世界的な民族自決主義のうねりもあって、朝鮮では「三・一独立運動」（一九一九年）をきっかけに独立運動は全土に広まったが、日本側の弾圧も激しさを増した。『朝鮮』

英國特惠制變更
茶並に時計の減税
騷擾首謀者死刑
横斷飛行航路
小包爆彈
米議員夫人負傷
南米罷業
製茶輸出差控へ
排日氣勢揚る
上海各團體の決議
間島の大暴動
鮮人我領事館其他を焼く
居留民の出兵電請
暴動善後
支那政府に交渉

間島の暴動　『東京日日新聞』1919（大正8）年5月5日

は次のように指摘している。

当然のこととして、日本官憲のこれに対する弾圧の凄惨《せいさん》であったことはいうまでもない。弾圧というよりもそれはもはや戦争で、日本は本土からも陸海軍を動員しては鎮圧にあたり、運動に参加したものはこれを片っぱしから殺し、引っぱってきてはまた殺し、投獄した。（中略）こういう弾圧がかさなればかさなるほどまたそれにたいする抵抗も強まり、いまや運動は朝鮮国内ばかりでなく、国外のハルビン、間島、アメリカ、ハワイの移住朝鮮人のあいだにまでひろがり、間島では日本領事館が襲撃されるまでになった（一二八―一二九頁）。

日本政府と軍部は一〇月一四日、総勢一万五〇〇〇人からなる陸軍部隊を間島に送りつけた。

シベリアから戻る部隊の一部も加わっている。シベリア出兵軍が朝鮮独立運動の弾圧に動員されたのだった。

間島への出兵声明は、この地を拠点にする抗日朝鮮人が中国の馬賊やロシアの過激派と組んだ領事館襲撃だと強調した。そのうえで〈自衛上必要なる警備を全《まっと》うし、不逞《ふてい》鮮人及び匪徒《ひと》襲撃の禍根を一掃〉するための出兵だと説明している。

政権の批判が強まると、権力者は往々にして国外に危機をあおり、国民の目をそらせがちである。実は原首相は事前に、間島への出兵の可否を探っていた。シベリアと中国東北部を視察した陸軍少将が、田中義一陸相の紹介で原首相に状況を報告したときの『原敬日記』(八月三日)から引きたい。

張作霖は極めて我邦に対し好意を有し(其実《そのじつ》我を利用するの意思ならん)間島方面不逞鮮人の取締《とりしまり》に関しては、公然は抗議すべき場合もあらんが、内実は我兵を入れて勝手に討伐するも更に異議なし、東支鉄道も我力を假《か》りて其勢力を維持したき意思を述べ……何事かある時は直に来談を請ふと云いたる由、報告せり。

奉天の軍閥政権を握っていた張作霖から言質《げんち》をとったことで、間島への派兵を強行したのである。暴走する日本軍といったところだが、では間島での行動はどうだったのか。なんと、またもや焼き討ち攻撃に及んでいる。原暉之著『シベリア出兵』はこう述べる。

浦潮派遣軍は朝鮮に駐屯する第十九、二十師団および関東軍と策応して間島で徹底的な村落襲撃作戦を展開した。このいわゆる「間島出兵」は、朝鮮独立運動の支持基盤の壊滅を狙ったものであり、無慈悲な焦土作戦を実施した点でシベリア・極東における「過激派討伐」と軌を一にする（五六一頁）。

ところで後の一九三七年七月に中国との間で日中戦争が始まると、日本軍の残虐な行為を中国側は「三光作戦」と呼んだ。「三光」とは殺光（殺しつくす）と焼光（焼きつくす）と搶《そう》光（略奪しつくすこと）だという。その意味では、シベリア出兵戦争ですでに「焼光」と「殺光」が行われていた。麻田雅文氏も前掲の『シベリア出兵』に〈間島に出兵した日本軍は三七五名を射殺し、民家、学校、教会など三百余棟を焼いた〉と記している。

日本軍は中国東北部の間島で、学校や教会なども焼きつくしたのだった。外征型の軍隊を持っていた日本は、ことあるごとに武力による弾圧を海外で繰り返している。特に間島への出兵に見られるように、朝鮮の独立運動には執拗であった。

原敬首相が日記で、反日派の朝鮮人を〈不逞鮮人〉と差別的に呼んだのも、当時の風潮をあらわしていよう。姜徳相著『朝鮮独立運動の群像』は〈（朝鮮で起きた）三・一運動は局面を変えて旧満州、シベリアになだれこみ、間島は日本帝国主義に敵対する国際連帯として突出し、やがて十五年戦争を惹《ひ》きおこしたのである〉（二五六頁）と指摘している。

ともあれ米英仏などの各国は、一九二〇年夏までにシベリアから撤兵しているが、日本軍だけは居残った。

そして一九二一年一一月四日、原首相は京都で開かれる政友会近畿大会に出席するため京都駅に向かう。午後七時三〇発の急行列車に乗るため改札に着くや、原首相は待ち伏せされた一八歳の大塚駅職員に刺殺された。享年六五だった。

現職の首相が暗殺されたのは初めてのことである。殺人犯の青年は動機の一つに尼港事件などの政治運営をめぐる首相責任をあげたようだが、事件の背後関係はわからず、売名行為のなせる犯行との見方が強い。原敬は当初、シベリア出兵に慎重でありながら、首相になると「一強政治」をよいことに撤兵を引き延ばしたのである。

原首相が暗殺された翌年、アメリカの主導で軍備の制限や極東問題を話し合うワシントン会議が開催された。シベリア問題で、アメリカをはじめ列国から強い批判と圧力を受けた日本政府は、一九二二年一〇月にシベリア本土から撤兵する。

しかし、北サハリンの「保障占領」は続けられた。シベリア出兵とは別問題だというわけだが、これでは日ソ間の交渉事は進まない。そこで当時、東京市長を務めていた後藤新平が加藤友三郎首相に日ソ間の仲介役を申し入れた。外相時代に「主導的出兵」を主張したことで知られる後藤がなぜ、ソ連との国交樹立を重視したのか。麻田雅文著『シベリア出兵』は次のように解説している。

実は、後藤の目標はさらに遠大だった。彼は中ソ両国が直接手を結ぶのを防ぎ、日中ソ三国が提携することで、英米両国と対抗することを考えていた。ユーラシア大陸（旧大陸）に同盟を広げ、特にアメリカ（新大陸）に対抗するための構想で、新旧大陸対峙《たいじ》論と呼ばれる。共産主義というイデオロギーにとらわれずにロシアを見る、地政学的な発想こそ後藤の真骨頂である（二一九頁）。

かくして一九二五年二月、日ソ基本条約が締結されソ連との間に国交が樹立した。そして五月、日本軍は日ソ基本条約の取り決めによって北サハリンから撤兵するのだった。日本軍の派兵は一九一八年八月のシベリア出兵から、実に六年八カ月に及んだ。

シベリアと北サハリンへの出兵数は延べ一〇万人をこえた。戦死・病死者は三三〇〇人に達している。軍費は総額で約一〇億円だった。多くの人命と軍費を費やし、正規軍ではない民衆の抗日パルチザンを主たる相手にして戦ったあげく、ロシアに反日感情を残したのも、また事実である。

「シベリア出兵」は「シベリアしっぺぇ（失敗）」と落語で話題にされたが、「失敗」の二文字で片づけられる問題ではないだろう。「拡大派兵」と歩調をあわせるかのような「住民虐殺戦争」は、戦争の罪状をあますところなく見せつけた。日本人が被害を受けた「尼港事件」も例外ではなく、加害があれば被害もあった。「シベリア出兵」には「戦争の原罪」が横たわっている。

おわりに

「戦争は殺人事件」の視点に立って

ノートパソコンもデジタルカメラもない時代に、私は新聞記者になった。社会部の事件記者として刑事や検事の自宅に「夜討ち」と「朝駆け」を繰り返しては、事件の現場を歩いた。ひらたくいえば、私は寝ても覚めても、「殺した者」と「殺された者」のことを考えていた。

そうした末に、最大の殺人事件は戦争ではないかと思い至った。アジア・太平洋戦争の時代を過ごされた次の方々は、私のインタビューにこう話してくれた。

「大のつく人殺し大会だよ、戦争ってのは」（小沢昭一さん）、「戦争は非常に悪質な人殺しです」（堀田力さん）、「為政者がどんな美辞麗句を並べても、戦争は人を殺すことなのです」（瀬戸内寂聴さん）、「普通の社会では一人殺したら大変なことなのに、戦争では国の命令で多くの人間を殺してしまえとなる」（新藤兼人さん）（『わたしの〈平和と戦争〉』に所収）。

戦争は、人間が人間を殺すのだから、たしかに殺人事件である。

社会部で事件記者生活の長かった私だが、戦争を大量殺人事件として捉える発想は皆無だった。そのことに気づいたときは五〇歳を過ぎていた。しかし、新聞記者の究極の仕事は戦争に反対することではないか——と初心にかえって、『毎日新聞』大阪本社管内の朝刊で「平和をたずねて」の連載を始めた。本書はそのシリーズの「反復された戦争」でとりあげた「シベリア出兵」を柱にしている（二〇一七年一〇月一七日〜二〇一八年九月四日）。

事件記者は「コミ」（聞き込み）といって、関係者を訪ね歩いて取材を重ねる。捜査権はないが取材の自由は与えられており、そうして事件の動機や社会的背景を探り当て、再発防止を願って原稿を仕上げるのだった。

「シベリア出兵」はすでに一〇〇年という歳月の彼方にある。このため体験者に取材することは不可能で、文献に当たるのが私の「コミ」だった。実に多くの研究書や伝記や日記が刊行されていた。鬼籍に入られた著者もいて、色褪せた文献も見られたが、いずれの内容にも驚かされ、また感動させられた。私の無知に光を当ててくれる一文に出会うと、大きな特ダネを得たように嬉しかった。書名をあげて引用させていただいた著者の皆様には、あらためて御礼を申し上げたい。

こうして私は、示唆に富んだ「点」（知見）をいただき、その「点」をつないで「線」を描く作業を続けた。私の「線」はシベリアに出兵した背景と、シベリアの地で何があったのか、そのことの追跡と解明にあった。

私は文献の海を泳ぎながら、文献では出会えなかった岐阜県・勝善寺住職の横山周導さんを知ることができた。第一章に記したとおりだが、日本軍による住民虐殺の事実を横山さんから聞いて、私の「線」は太くなった。「シベリア出兵」は軍事力により親日の「傀儡政権」を樹立する目的を秘めており、抗日パルチザンというロシアの民衆を敵に回したことから、そこには加害と被害が凝縮されており、明らかに「住民虐殺戦争」だったとの結論に達した。

カントは「常備軍の廃止」を主唱

ドイツの哲学者カントは、その平和論で「常備軍の廃止」を首唱した。次の理由による。

――なぜなら、常備軍はつねに武装して出撃の準備をととのえており、それによって、たえず他国を戦争の脅威にさらしている。おのずと、どの国もかぎりなく軍事力を競って軍事費が増大の一途をたどり、ついには平和を維持するのが短期の戦争以上に重荷となり、常備軍そのものが先制攻撃をしかける原因になってしまう（『永遠平和のために』、五六頁）。

そこで戦争を繰り返していた戦前の日本だが、常備軍の創設者で知られる明治維新のリーダーの一人、山県有朋は首相として臨んだ第一回帝国議会（一八九〇年）の施政方針演説で、国家が独立するには「主権線」（固有の領土）を防禦《ぼうぎょ》する必要があり、そのためには利益線

（朝鮮半島）を確保することだと強調し、ついには韓国を併合した。

さらには第一次世界大戦下のロシア革命に乗じて、シベリアに出兵する。端的にいえば利益線を、朝鮮半島だけでなく満州（中国東北部）から沿海州の東部シベリアにまで拡大したのである。外征型の常備軍を持つ国にありがちな「大日本主義」（膨張主義）といえようか。対して、言論人の石橋湛山は「小日本主義」を掲げ、台湾・朝鮮・満州の植民地全廃を主張した。第四章で紹介した通りである。

シベリア出兵戦争は国家を相手にしたのではなく、民衆の抗日パルチザンだった。石橋湛山の指摘するように、ロシアの人たちの憤恨を買った。日本人の居留民も犠牲になった。シベリアに「拡大派兵」したあげく、多大な犠牲を払うことになったのである。「大日本主義」の誤りは明らかだろう。

だが、誰も責任をとらなかった。

責任回避のための時間稼ぎをして、それでも成果を得ようとする焦りもあって、政府と軍部は早期のシベリア撤兵に踏み切れなかった。北サハリン（樺太）の占領を含め、ざっと七年に及んだシベリア出兵の教訓は生かされることなく、日中戦争さらには米英へ宣戦布告をして太平洋戦争へと突き進んだ。そこではシベリア以上に軍部の暴走があり、三一〇万人もの日本人が戦争の犠牲になった。アジアの国々には多大な加害を与えた。

シベリア出兵戦争は、一般に三権から独立している軍隊を考えるうえで、なによりの教科書になるだろう。外征型の常備軍を持つということは、カントが指摘しているように常に軍備の強化と拡大がなされる。戦争を前提にしているからにほかならない。いったん派兵したら、成果を求めるあまり、撤兵の決断が遅れる。それだけではなく日本政府と軍部は、居留邦人が虐殺された尼港事件を利用して北サハリン（樺太）への侵攻を強行した。

明治改元から一五〇年、そしてシベリア出兵から一〇〇年をへて、これまでにも増して安全保障の脅威を説き、軍備の増強を進める動きが目立ってきた。自民党の改憲草案は「国防軍の創設」を明記している。軍隊の本質はこれまで見てきた通りである。負の歴史を繰り返さないためにも、「シベリア出兵戦争」を忘却の彼方に追いやってはならない。

また「イワノフカ事件」と「尼港事件」は、歴史を一方の側から見ることをいさめている。そのうえで加害と被害を乗り越える知恵を授けてくれるのが、イワノフカ村にそびえる日ロ共同追悼碑「懺悔の碑」である。

こうした平和のシンボルが、国境を越えてあちこちに見られるようになれば、地球はもっともっと安全で住みやすくなるだろう。

本書の刊行にあたっては、多くの方々のお世話になった。新聞の連載でご教示や解説をいただいた立命館大学名誉教授で歴史学者の岩井忠熊様、イワノフカ村の焼き討ち事件の実相を教えていただき貴重な写真を提供してくださったＮＰＯ法人「ロシアとの友好・親善をすすめる会」理事長で僧侶の横山周導様、名著といわれる文献を世に出されて私の乏しい知識に光りをあてていただいた研究者の皆様、地域の歴史を掘り下げられた郷土史家の皆様、貴重な日記を残された皆様に、ここにあらためて深謝申し上げます。

また、一冊の本にまとめる機会を与えていただいた花伝社の平田勝社長と編集の労をとってくださった山口侑紀様に、心から御礼を申し上げます。新聞の連載時は『毎日新聞』の同人に何かと協力していただきました。皆様、ありがとうございました。

二〇一九年一月

広岩近広

主な引用文献

『シベリアの挽歌　全抑協会長の手記』　斎藤六郎　終戦史料館出版部　一九九五年
『シベリア抑留者　墓参と交流の旅』『シベリア（イワノフカ）墓参と交流の旅』（報告集。墓参のつど冊子として刊行）　ＮＰＯ法人「ロシアとの友好・親善をすすめる会」
『黒龍州イワノフカ村とタムホーフカ村紀行』（報告書）　国立公文書館「アジア歴史資料センター」所蔵、Ref.B03051074600、各国事情関係雑纂／露領西比利亜（外務省外交史料館）
『シベリアに架ける橋――斎藤六郎全抑協会長とともに』　エレーナ・Ｌ・カタソノワ　訳者・橋本ゆう子　監修・白井久也　恒文社　一九九七年
『シベリア出征日記』　松尾勝造　解説・高橋治　風媒社　一九七八年
『西伯利出兵史要』（復刻叢書）　菅原佐賀衛　信山社　一九八九年
『原敬日記』（第一巻から第六巻）　原奎一郎（編）　福村出版　一九六五～六七年
『シベリア出兵　革命と干渉1917―1922』　原暉之　筑摩書房　一九八九年
『派兵　第三部　雪と吹雪と』　高橋治　朝日新聞社　一九七六年
『シベリア出兵「ユフタの墓」――大分聯隊田中支隊全滅の真相』　柴田秀吉　クリエイツ　二〇〇五年
『嗚呼田中支隊』　河原杏子（治作）　宮崎書店　一九二〇年

『田中義一──総力戦国家の先導者』　纐纈厚　芙蓉書房出版　二〇〇九年
『複合戦争と総力戦の断層──日本にとっての第一次世界大戦』　山室信一　人文書院　二〇一一年
『シベリア出兵──近代日本の忘れられた七年戦争』　麻田雅文　中公新書　二〇一六年
『シベリア出兵の史的研究』　細谷千博　岩波現代文庫　二〇〇五年
『読売新聞八十年史』　読売新聞社　一九五五年
『正伝・後藤新平　六巻　寺内内閣時代──一九一六～一八年』　鶴見祐輔　藤原書店　二〇〇五年
『米騒動とジャーナリズム──大正の米騒動から百年』　金澤敏子、向井嘉之、阿部不二子、瀬谷實
梧桐書院　二〇一六年
『日本の歴史23　大正デモクラシー』　今井清一　中公文庫　二〇〇六年
『戦争と新聞──メディアはなぜ戦争を煽るのか』　鈴木健二　ちくま文庫　二〇一五年
『朝日新聞社史　大正・昭和戦前編』　朝日新聞社　一九九一年
『新聞は戦争を美化せよ！　戦時国家情報機構史』　山中恒　小学館　二〇〇一年
『原敬　外交と政治の理想（下）』　伊藤之雄　講談社メチエ　二〇一四年
『原敬の大正』　松本健一　毎日新聞社　二〇一三年
『西伯利亜《シベリア》出兵物語──大正期、日本軍海外派兵の苦い記憶』　土井全二郎　潮書房光人社　二〇一四
年
『新聞集録大正史　第十巻　大正十一年』　大正出版　一九七八年

「時論」　吉野作造（総合雑誌『中央公論』一九二二年五月号に所収）　中央公論社
『最強師団の宿命（昭和史の大河を往く5）』　保阪正康　中公文庫　二〇一四年
『軍国興亡史　2昭和軍閥の形成まで』　伊藤正徳　光人社NF文庫　一九九八年
『一億人の昭和史　日本の戦史1　日清・日露戦争』　毎日新聞社　一九七九年
『詳説　日本史史料集』　編者・笹山晴生、五味文彦、吉田伸之、鳥海靖　山川出版社　二〇一五年再訂版
『従軍慰安婦』　吉見義明　岩波新書　一九九五年
『北のからゆきさん』（新装版）　倉橋正直　共栄書房　二〇〇〇年
『大正政治史　第三巻』　信夫清三郎　河出書房　一九五二年
『ロシアについて――北方の原形』　司馬遼太郎　文藝春秋　一九八六年
『小日本主義　石橋湛山外交論集』　増田弘編　草思社　一九八四年
『日ソ政治外交史――ロシア革命と治安維持法』　小林幸男　有斐閣　一九八五年
『大正外交十五年史』　信夫淳平　国際連盟協会　一九二七年
『勝田市史　近代・現代編』　勝田市史編さん委員会　勝田市　一九七九年
『天草海外発展史　下』　北野典夫　葦書房　一九八五年
「尼港事件と日本社会、一九二〇年」（論文）　井竿富雄　山口県立大学国際文化学部紀要　二〇〇九年

『朝鮮――民族・歴史・文化』　金達寿　岩波新書　一九五八年
『朝鮮独立運動の群像――啓蒙運動から三・一運動へ』　姜徳相　青木書店　一九九八年
『永遠平和のために』　エマヌエル・カント　訳者・池内紀　集英社　二〇一五年
『わたしの〈平和と戦争〉――永遠平和のためのメッセージ』（インタビュー集）　編著・広岩近広　集英社　二〇一六年
この他に『朝日新聞』『毎日新聞』『東京朝日新聞』『東京日日新聞』『大阪毎日新聞』『高岡新報』をはじめ新聞各紙、国立公文書館「アジア歴史資料センター」「デジタルコレクション」、国立国会図書館リサーチナビなどから引用。

広岩近広（ひろいわ・ちかひろ）
1950年大分県生まれ。電気通信大学電波通信学科卒業後、1975年に毎日新聞社に入社、大阪本社編集局次長をへて2007年から専門編集委員に就任し原爆や戦争を取材・執筆、大阪本社発行の朝刊連載「平和をたずねて」で第22回坂田記念ジャーナリズム賞を受賞。2016年から客員編集委員。主な著書に『医師が診た核の傷』（藤原書店、2018年）『核を葬れ！——森瀧市郎・春子父娘の非核活動記録』（藤原書店、2017年）『戦争を背負わされて』（岩波書店、2015年）『被爆アオギリと生きる——語り部・沼田鈴子の伝言』（岩波ジュニア新書、2013年）、インタビュー集『わたしの〈平和と戦争〉』（集英社、2016年）。

シベリア出兵——「住民虐殺戦争」の真相

2019年1月25日　初版第1刷発行

著者 ——広岩近広
発行者 —平田　勝
発行 ——花伝社
発売 ——共栄書房
〒101-0065　東京都千代田区西神田2-5-11出版輸送ビル2F
電話　　03-3263-3813
FAX　　03-3239-8272
E-mail　info@kadensha.net
URL　　http://www.kadensha.net
振替 ——00140-6-59661
装幀 ——生沼伸子
印刷・製本—中央精版印刷株式会社

ISBN978-4-7634-0876-1　C0021